※本书地图上的地名等文字皆以日文标示。

本书体例说明

1. **景点编号**：显示该单元景点的排序。
2. **景点名称**：景点或店家的日文、中文或英文名称。
3. **景点特色**：景点或店家的特色说明。
4. **介绍文字**：关于景点或店家的重点介绍。
5. **地图坐标**：景点或店家位置在地图中的页码与索引。
6. **DATA**：景点或店家的基本资讯，如地址、电话等。
7. **图说**：与图片编号对应，说明图片内容。

① 006
② 《最后的灰姑娘》片头的华丽教堂
③ 城市爱情物语

坐落在潮流胜地表参道的圣格雷斯大教堂，是日剧《最后的灰姑娘》每集片头都会出现的重点场景，欧式华丽的建筑风格相当受年轻人的欢迎，是知名的结婚场地。在日剧《生命最后一个月的花嫁》中，太郎与千惠也是在这里结婚的。

⑤ P16 ⑥ 东京都…

⑦ 片头的重点场景"圣格雷斯大教堂"。

※本书标示之价格为作者采访时之价格，实际消费金额应以店家公布的为准。

东京也像一幅画，从白昼到黑夜，都呈现出色彩迷人的景致。

东京也是一条河，鼎沸的人声与静谧的情感都在这条河里流动，直到你再也无法细数她的唯美浪漫。

东京就像一首诗，你把四季放进这首诗里，无论用哪个声调来念都独具韵味。

这里就是专属女孩的梦幻之都。对憧憬东京的女孩而言，这里就是专属女孩的梦幻之都。

这个城市有着各种面貌：可以说是流行广场，也是美食天堂；是艺术圣殿，或者是文化之城。

闺蜜一起逛东京

写给女人看的东京攻略

林昀萱 缪育芬 著/摄影

人民邮电出版社

北 京

目录 CONTENTS

闺蜜一起逛东京

东京旅行时光

沉浸在女孩专属的梦幻之都

第一次来到东京就深深地爱上这里，这是一个让人有点陌生却又熟悉的城市。

即使不会日文，看着汉字加上一点手脚比画的能耐其实也能玩遍东京。

你感觉像一个人在森林冒险，但这片都市丛林相当安全。

表面上，东京看起来有条不紊，人与人间的交往有着过度的礼貌。

实际上，在东京人的骨子里弥漫的是一种对事物的坚持与热情。

SPOT：丸之内 ♥ 街景

"轻松走在东京街头，
感觉自己是日剧中的女主角"。

SPOT：涩谷bills ♥ 餐厅？书店？

"在这里，我就是文艺系女孩！"

SPOT: 期间限定 ❤ 啤酒冰沙

"每天都挡不住日本啤酒的诱惑，跟姐妹喝酒谈心最赞了！"

我叫哈利，史黛希的"毛小孩"。

林昀萱（Stacy）

喜欢动物、艺术、电影、音乐、流行、时尚、漫画……咦？这也太广了吧！没错！史黛希是个对新鲜事物充满好奇的标准射手女，在看似文静的外表下，潜藏着一颗热血疯狂的玩心！有着不分享就很痛苦的怪毛病，秉持着独乐乐不如众乐乐的原则，乐于分享，将自己喜欢的人、事、物通通报给周遭亲朋好友知。这次来到东京，最难忘的时刻便是在浅草寺看见和哈利长得一模一样的狗，当下有种错乱的感觉，激动得眼泪都快飙出来了！

我是爱丽丝，Frida的女儿。

缪育芬（Frida）

85后，数字媒体设计系毕业，曾任影视制作公司的策划编剧，奉行享乐主义的家伙，没事会跟娃娃讲话的东京上瘾症患者，坐在路边发呆看着人来人往是其兴趣之一，曾被老妈怀疑是精神错乱。喜爱在旅行的同时寻找好吃好玩的事物，对日系可爱小物、COSPLAY、BJD人偶与视觉系乐团毫无招架之力，人生梦想是中头彩之后每天泡在东京的执事喫茶店里过日子。

SPOT: 丸之内 ❤ 新时代大和抚子

"在东京毫无违和感的和服，看起来端庄又时尚！"

女孩的
心理测试篇

测试你是哪一类女孩!

你喜欢走走停停漫游东京,还是喜欢逛街的血拼行程呢?快来测试你是哪种类型的女孩,寻找最适合你的东京玩法吧!

4 跟男友约会,会选择在餐厅吃饭,胜过去河边骑自行车。

O 是→ 到第8题
X 否→ 到第7题

6 收礼物时,喜欢收到华丽的人气甜点,胜过收到实用的小文具。

O 是→ 到第12题
X 否→ 到第10题

2 放假喜欢待在家里,胜过出门踏青。

O 是→ 到第6题
X 否→ 到第5题

1 比起逛美术馆,你更喜欢逛百货公司。

O 是→ 到第2题
X 否→ 到第3题

5 出国旅行时,喜欢到大都市胜过去看名胜古迹。

O 是→ 到第7题
X 否→ 到第9题

3 打开报纸杂志时,美食资讯比时尚资讯更吸引你。

O 是→ 到第4题
X 否→ 到第2题

7 喜欢古典音乐胜过流行音乐。

O 是→ 到第10题
X 否→ 到第11题

8 喜欢看"厨艺比赛"节目，胜过看"时装制作"节目。

O 是→ 到第12题
X 否→ 到第11题

13 喜欢四处冒险，胜过安逸地待着。

O 是→ D型
X 否→ 到第14题

11 喜欢穿布鞋胜过喜欢穿高跟鞋。

O 是→ 到第13题
X 否→ 到第15题

9 比起坐在咖啡厅喝咖啡看书，更喜欢去码头散步看夕阳。

O 是→ 到第13题
X 否→ 到第10题

15 领到薪水，拿去买漂亮衣服比吃美食更重要。

O 是→ B型
X 否→ C型

12 比起"哪里有好吃的"，更擅长"哪里有好玩的"话题。

O 是→ 到第13题
X 否→ 到第15题

10 比起滨崎步的歌曲，更欣赏久石让的音乐。

O 是→ 到第14题
X 否→ 到第15题

14 比起谈论美食，谈论艺术更让你感兴趣。

O 是→ A型
X 否→ 到第15题

A型

文艺系女孩

你很能耐得住性子，静静地待在一个空间里看小说或听音乐，享受悠闲的午后时光。天生对"美"特别有感应的你，喜欢欣赏美丽的事物。在东京的旅途中，不妨安排一天待在"六本木"，相信能带给你充满艺术气息的美好时光！

推荐单元
艺术金三角（P062）、街头公共艺术（P064）、轻熟女午茶（P069）、东京文具（P076）。

アートが大好き!

B型

流行系女孩

你对流行文化相当敏锐，喜欢关注新的事物，从百货公司逛到街边小巷，任何新奇的小东西都能吸引你的目光。你也具有一定程度的时尚品位，能够嗅到当季最流行的穿搭风格。在东京的旅行中，最适合从"涩谷"一带展开走在流行前端的一天！

推荐单元
银座步行者天国（P051）、祈求爱情恋爱神社（P096）、深夜疗愈（P102）、潮流服饰（P130）。

C型

美食系女孩

你对美食情有独钟，尤其在心情不佳的时候，只要碰到喜爱的美食，坏心情很快就会烟消云散。你非常注重食物的品质，有时甚至愿意花多些钱犒赏自己，吃一顿奢侈的大餐。在东京的旅行中，"银座"各式各样精致的甜点与下午茶一定能满足你最挑剔的味蕾！

推荐单元

轻熟女午茶（P069）、美食不孤单（P112）、蔬食料理（P118）、超人气小点（P121）、便利商店零食（P156）。

D型

今天该去哪儿呢？

乐活系女孩

你对生活有一种热忱，个性活泼外向的你很有冒险精神，典型的背包客多半具备这样的特质。你很适应环境的变化，平时的兴趣广泛、生活多彩多姿。在东京的旅行中，安排具有日本味的"体验课程"或游览名胜古迹，一定能令你印象深刻！

推荐单元

东京杂货（P081）、女孩轻体验（P088）、特色居酒屋（P108）、药妆特搜（P140）。

女孩的行前必知
INFORMATION

中国	
日本	

从北京飞到东京约4个半小时。日本时间比中国快1小时，也就是中国上午10:00时，东京是上午11:00；下飞机时别忘了调整成当地时间哟！

东京四季气候与对应服装

女孩们要穿得美美的，但也不能忘了保暖排汗！

到东京谱一段春季圆舞曲。

春（3~5月）

东京的春天与北京相比仍较为寒冷，厚外套与保暖内衣还是必备的。到了5月春夏交替之时，白天的气温虽然变得比较暖和，能穿着短袖出门，但早晚温差较大，还是需要带些薄外套防寒。一般来说，这个时节天气晴朗，适合出游，是日本的旅游旺季。

夏（6~8月）

东京地处温带，夏季高温多雨，也是全年最炎热的时节。6月下旬至7月中旬是梅雨季，需要随身携带雨具，这个时节的东京湿气较重，而在梅雨季过后的7、8月又非常闷热，平均气温都高达30℃以上。这时到东京旅行，穿着以轻薄凉爽、透气吸汗的服装为主。

秋（9~11月）

刚过夏季，9月的东京仍然高温湿热，但随着时间越来越接近年尾，气温与湿度都会逐渐下降，渐渐变得干燥且舒适。到了秋冬交接之际，枫叶开始转红，空气中慢慢有了寒意，在踏青赏景之余，也别忘了带件薄外套。

冬（12月~次年2月）

入冬以后，东京持续低温，气候变得寒冷干燥，这时来东京旅游，女孩们的保湿产品、乳液、护手霜、护唇膏等都不可或缺。冬天的东京偶有降雪，御寒保暖的羽绒服及高领毛衣都是必备的。

日币种类介绍

好好运用这些钱来玩乐一番！

如果每次买东西都拿千元大钞给店家找零，最后身上一堆零钱超困扰的！女孩们一定要熟知硬币的种类，在结账的时候先把大钞留着，试着凑硬币给店家吧！

1000日元

上面人物为野口英世，他是日本知名病理学家，在日本享有极高的声望。他在非洲研究黄热病时不幸感染黄热病去世。

2000日元

平时较为少见，在中国的银行几乎换不到。纸币正面为冲绳首里城的守礼门。

5000日元

目前上面的人物是樋口一叶，她是日本19世纪最主要的女小说家。虽然24岁就与世长辞，但她的文学成就非凡，也是第一个被印上日本纸币的女性人物。

10000日元

面额最大的日本纸币，上面的人物为福泽谕吉，他是明治维新时代著名的启蒙思想家，也是日本贵族学府庆应大学的创办人。

硬币种类

1日元、5日元、10日元、50日元、100日元、500日元。

¥1≈RMB 0.0575（2016.3汇率）

东京的插座与电压

手机、笔记本电脑和相机充电时要看仔细！

日本的电压是110伏特，频率分为两种：日本东部的频率是50Hz，包括名古屋、京都和大阪在内的日本西部的频率为60Hz。日本的用电插座是双平脚插座，女孩们如果有圆柱形插头和三平脚插座插头，需事先准备转接头才可使用。如怕饭店提供的插座数量不够用，可自带电源接线板。

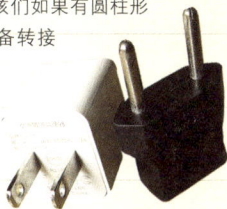

可以随时饮用的自来水

水当当女孩不可或缺的水分就在这儿了！

日本国内的自来水在任何地方都可以直接饮用。不习惯的女孩们可前往超级市场或便利商店等处购买矿泉水。有些饭店的房内也提供矿泉水；或在饭店公共区域设有饮水机，可自行携带水瓶装取所需的饮水。

租借 Wi-Fi 让 女 孩 的 旅 行 更 通 畅

日本有许多免费的Wi-Fi可以使用，包括7-11（http://webapp.7spot.jp）、Family Mart（http://www.family.co.jp/services/famimawi-fi/index.html）、星巴克（http://starbucks.wi2.co.jp/pc/index_jp.html）、NTT东日本免费Wi-Fi服务（http://flets.com/freewifi/cn/index.html）等，但是事前需要申请成为会员，且网络下载容量有限，若不小心忘记关广告，用量就没了。若使用国外漫游，费用其实也不便宜，因此建议购买日本当地的Wi-Fi，费用相对便宜许多，网速不仅快，也不必担心因热点少连不上线。

适合女孩的高性价比住宿

挑选令人安心的住宿环境

六本木S Hotel超有文青的范儿。

虽然东京治安安全性高居世界第一，但女孩们出门在外还是要小心为上，住宿地点最好避开歌舞伎町、大久保及东池袋，要挑选交通方便、晚上人烟又不会太稀少的地方。现在许多订房网站都有中文界面，利用网络订房是最便利又快速的订房方式。

设计饭店

ホテル & レジデンス六本木

六本木 S HOTEL

文创·艺术·家

以公寓式酒店为概念的六本木 S HOTEL，每个房间都是独一无二的设计。相较其他饭店的明亮装潢，六本木 S HOTEL 打造的是一种昏暗的酒吧氛围，让人一走入饭店就有放松慵懒的感觉。这个创意设计新生活概念宅，是都市里的隐身好去处，里面还有空中花园，快来一趟清新的呼吸之旅吧。

P162G,A1　东京都港区西麻布1-11-6　03-5771-2469　高级客房每晚14000日元起　http://hr-roppon-gi.jp　东京Metro日比谷线六本木站2号出口步行8分钟，都营大江户线六本木站4b出口步行10分钟

星级饭店

銀座グランドホテル

Ginza Grand Hotel

出门就是热闹街区

位于不夜城银座区域，距离地铁站3分钟，周边店铺及百货公司林立。住在热闹的地段、四通八达的交通、方便的生活机能，吃喝玩乐的事情，一出门就能享受！

P161D,A3　东京都中央区银座8-6-15　03-3572-4131　双人房每晚14000日元起　http://www.ginzagrand.com　东京Metro银座线、都营浅草线新桥站3号出口步行2分钟，JR山手线新桥站汐留口步行3分钟

星级饭店

ホテルメトロポリタン（Hotel Metropolitan Tokyo）

东京大都会酒店

与都市连接的高品质住宿

位于西池袋的东京大都会酒店，地理位置好、交通方便，周边有便利商店、百货公司和速食店，走一小段路就可以抵达池袋一番街。

P163L,A2　东京都丰岛区西池袋1-6-1　03-3980-1111　标准双人房每晚14000日元起　http://www.metropolitan.jp　JR山手线池袋站西口步行2分钟，东京Metro有乐町线池袋站西口步行1分钟

イビスとうきょうしんじゅく（ibis Tokyo Shinjuku）

宜必思东京新宿区饭店

地点交通超便利

宜必思东京新宿区饭店位于新宿西北方大马路上，去最热闹的新宿街区步行大约10分钟就能抵达。在房间格局与设备上，"麻雀虽小，五脏俱全"。整体装潢风格走温馨路线，呈现出年轻活力的氛围。

P162F B1　东京都新宿区西新宿7-10-5　03-3361-1111　双人房每晚12000日元起　http://www.ibis.com/ja/japan/index.shtml　东京Metro丸之内线、都营大江户线新宿站A7出口步行约3分钟，JR山手线新宿站东口步行约2分钟

相鉄フレッサイン（Sotetsu Fresa Inn Tokyo-Tamachi）

东京田町相铁福里森旅馆

享受简单舒适的静谧

位于田町的东京田町福里森旅馆距离市区有一段车程，但在僻静的巷弄中有一种远离尘嚣的安静。早餐及设备简单舒适，适合小资旅行。

P162G B2　东京都港区芝浦3-14-21　03-5442-2031　小型双人房每晚6500日元起　http://fresa-inn.jp/eng/tamachi　JR山手线田町站芝浦口（东口）步行5分钟

> 完成以下步骤，你就完成了你的饭店订房！系统将很快地把确认信及入住凭证发送给你。

以 Agoda.com 为例

Agoda.com（安可达）是一个国际性的订房系统，全球提供超过500000家饭店的代订服务，不仅有中文界面可浏览全球饭店的资讯，且拥有会员独享优惠，更可贵的是每年有百万旅客对于饭店的真实评价，对于想要前往东京自助旅游的朋友来说是个很有利的帮手。该网站与其他日本订房网站的不同之处，在于全球订房都能使用中文界面，在订房完成的同时即可以信用卡在线上完成付费，抵达饭店时只需出示入住凭证即可入住，十分方便。

在全球饭店订房网站线上订房

就自行安排自助旅行的人来说，选择饭店有时也是一件费心的事，但现在有越来越多的全球线上订房网站提供了更完整的资讯，帮助旅人快速找到理想的住宿饭店，不但可以立即确认订房，价格又亲民，无论是高档星级酒店还是一般的旅宿民宿，通通涵括，还能依据地图寻找最理想的投宿饭店，同时通过查看饭店评价，可以让行程安排更加便利。以下为Agoda.com订房操作步骤的说明。

Agoda.com订房操作指南大公开

4个步骤轻松搞定订房大小事！

1 首先进入http://www.agoda.com/zh-cn，并在"搜索"对话框输入住宿的国家或城市名称，选择入住日期及退房日期后，点击【搜索】。注意：首次使用Agoda.com的用户可以在首页上方点选【登录】注册会员，以便加入Agoda.com会员，取得专属优惠电子报。

2 系统将会整理出所有符合条件并还有空房的饭店，请点选你欲入住的饭店。

3 进入饭店页面后，系统会显示各房型每晚之价格，请点选完所需要的"房数"后，点击"立即预订"。

4 接着请将"您的预订信息"之所有栏目填写或选择完毕，请注意所输入的电子邮件账号是否可正常运作，系统会于订房成功后发送确认信及入住凭证至该信箱。

东京旅行清单
CHECK LIST
一起来Check你的行李吧!

想要尽可能减轻行李,但又怕缺这缺那的,女孩们看过来,将行李准备得轻便又实用其实没那么难。来看看这麻雀虽小、五脏俱全的"三个包包轻便出走版"吧!

☑ 皮夹&零钱包

将大钞与零钱分开放好,有时只需用硬币付账,不必拿出整个皮夹引人注目。

☑ 信用卡&储蓄卡

凡印有Visa、Plus、AE、JCB、Discover及Diners Club标志的信用卡或银行储蓄卡,基本上都可以在银行的ATM提款。

❶ 最重要的贴身包
这些弄丢了会让你头痛不已

将最重要的护照、现金、信用卡等物品贴身放着,以免在旅行途中遗失,打乱愉快的游玩心情。

☑ 电子机票

出国没机票可不成!现代科技发达,只要在确认出票后,上网去下载电子机票,打印出来再带去机场柜台,就能办理登机手续了!

☑ 现金

出国前必须先换好所需日元,身上也要准备一些美元。当然回国之后可能会面对通勤问题或临时需求,因此准备一些人民币也很重要。

☑ 钥匙类

车钥匙、家中钥匙、行李箱钥匙找个小袋子收好。

☑ 大头照两张

2寸大头照也别忘了带着,以备不时之需。

☑ 文件、证件类

记得带上行程表、住宿资讯、餐厅或表演等网络预约记录,以及国际驾照等证件。

☑ 护照&签证

护照的有效期限需在6个月以上,最好另外再带一张护照的复印件,以备不时之需。

必 备 求 助 电 话

- 信用卡24小时服务电话:
  信用卡遗失或刷不了(decline)时可去电确认。
- 航空公司当地电话:
  可确认机票改期或延期事项,以及航班临时停飞等状况。
- 饭店或旅馆电话:
  迷路或遇到临时状况可打电话求助。
- 中国驻日本大使馆电话:03-3403-3064
  有急难状况时可求助。

☑ 手机

有了智能手机,只要开通上网功能,出国自由行真可说是处处皆通!就算不能随时随地3G上网,但在特定的地方如餐厅、旅馆等地还是能使用Wi-Fi。

② 普通随身背包

麻雀虽小、五脏俱全的随身用品们

出门在外靠自己，随身背包尽量打点得轻便又实用，让女孩们在外顺心愉快！

☑ 随身化妆包

保湿必备品等液体胶状物总数不能超过10瓶，每瓶容量不得超过100毫升，并且需要统一放置在透明夹链袋中。

☑ MP3&耳机

音乐在惬意的旅途中是不可或缺的，一个人的旅行可以听听音乐、放松心情。

☑ 水瓶

准备水瓶便于在饭店或餐厅等的饮水机处装水，在旅行途中也水灵灵！

☑ 牙线

吃完东西简单清洁一下齿缝，让女孩随时开口笑。

☑ 随身文具

圆珠笔两支外加一个笔记本，女孩们就能走到哪儿涂鸦到哪儿。

☑ 笔记本电脑&平板电脑

上飞机时，笔记本电脑与平板电脑都必须随身携带，在过安检时也要特别告知安检人员。

☑ 防雨防晒用品

女孩可以接受逛街逛到腿快断掉，但绝不能接受肌肤变黑。

☑ 随身移动电源

智能手机耗电量太大吗？带个高容量的随身移动电源，就能让电子产品整天保有满满的电量！

☑ 地图&旅游参考书

出国前事先做好功课，把想去的地方都先标上记号，到时候出游就超方便了！当然，也别忘了带上这本书哟！

☑ 相机与存储卡

旅行的回忆就从回来后的一张相片开始，一定要抓住每一刻的精彩。

☑ 锂电池&充电器

相机、笔记本电脑、手机专用锂电池及移动电源等，依规定必须随身携带，禁止放入托运行李中！

☑ 纸巾&吸油面纸

让女孩随时保持干净、清爽的状态。

☑ 薄外套

除了炎热的夏季之外，日本的春秋季都略有寒意，带件薄外套可避免着凉。

☑ 随身镜

日本人相当重视外在仪容，拥有整整齐齐的外表被视为一种礼貌，女孩随时可以用它补妆整理哟！

3 托运行李箱

整理得当的行李，能满足你整趟旅行的需求

哇, 行李箱永远不够大。

整理托运行李除了要注意航空公司的规定限重外，也要注意在出国前别把箱子塞满，以便留些空位在回来时收纳"血拼"的战利品！此外，将东西分门别类用整理袋装好，可以节省找寻所需用品的时间哟！

1 服装类

服装类除非像是怕皱的衬衫等，要尽量以卷起堆叠的方式整理，可省省相当多的空间。另外也可将贴身内衣裤收纳于不同的袋子里，拿取时就可一目了然。冬季时必备手套、围巾、大外套等较保暖的物品，袜子与鞋子也需要多带一两双备用，避免雨天弄湿鞋袜没得替换。此外，虽然大多数饭店都备有衣架，但数量通常不足以应付女孩的需求，自己携带几只衣架就能快速解决这个问题！

☐ 换洗内衣裤
☐ 保暖衣物
☐ 帽子

☐ 外衣、外裤、裙子
☐ 大外套、手套、围巾（冬天必备）
☐ 备用鞋子1~2双
☐ 皮带
☐ 衣架
☐ 袜子

2 女孩常用品类

女孩常用的不外乎整理仪容的用品，像是化妆品、保养品、指甲剪等，另外还有生理用品与整发用品。到东京游玩，在路上看到的都会女子个个都精心打扮，身为女孩的我们也要入乡随俗效仿一下。化妆品带自己习惯的基本用品就行了，到东京可去美妆店再添购一些时下流行的化妆品。

☐ 惯用化妆品
☐ 惯用保养品
☐ 卸妆用品

☐ 发圈、发夹
☐ 梳子、整发用品
☐ 眼罩、耳塞
☐ 痘痘贴
☐ 面膜

☐ 修眉刀、剃毛刀
☐ 指甲剪、小剪刀
☐ 护唇膏
☐ 卫生棉
☐ 化妆棉

3 浴室用品类

大部分旅馆或饭店都备有简易的浴室用品，包括毛巾、牙刷、牙膏、洗发乳、沐浴乳等，不过这些都属于较为私人的用品，女孩们或多或少都有自己的使用习惯，还是带上自己惯用的浴室用品吧，这样即使在异国也能感觉轻松自在！

☐ 旅行用盥洗包（洗发乳、沐浴乳）
☐ 小毛巾
☐ 大毛巾
☐ 洗面乳
☐ 牙刷、牙膏
☐ 洗衣皂

4 电器类

出门在外几乎天天都会用到手机和相机，而这些电器类的周边必备品如充电器、存储卡等当然不可或缺！若要带电器、充电器，要先确认好规格，将电器用品、转接头、变压器等较重的物品单独收纳在具有防水保护功能的盒子或袋子里。女孩们一定要记住，锂电池容易短路进而产生飞行安全意外，所以包括相机、笔记本电脑、手机专用锂电池及移动电源等，依规定必须随身携带，禁止放入托运行李中！

□ 充电器、充电电池
□ 相机存储卡
□ 读卡器
□ 外接硬盘
□ 变压器、转接头
（通用型）

> 女孩们要小心，行李箱别超重了。

5 备用药品类

女孩偶尔有个小病小痛的，如果发生在平时或许还好解决，但出门在外可就没那么方便找医院看医生了，自备一些简单的肠胃药、感冒药或止痛药等，能在旅途中多一分心安。当然，希望女孩们都快快乐乐出门、平平安安回家，不过要是真的水土不服或身体不适，这些药品就能及时帮上大忙了！如果临时没带，在日本的药妆店也能买到一些药品备用。

□ 肠胃药
□ 感冒药
□ 止痛药
□ 晕车药

□ 退烧药
□ 防蚊液
□ 急救包
□ 维生素
□ 眼药水
□ 其他个人药品

6 生活用品类

女孩在下榻饭店内待的时间虽然不长，不过还是需要用到不少生活用品，像是针线包、拖鞋、隐形眼镜等。另外，自备一些可折叠的购物袋，届时就能装下更多战利品了！在准备轻便型的购物袋时，要选择中型的防水尼龙袋。在购物的过程中，逛街的疲累会使沉重感加倍，中型的袋子可以两手轮流拿，最后还可以用手抱。尤其到药妆店扫货时，一定要自备购物袋，因为店家提供的超薄塑料袋会让女孩一路担心到回到饭店为止。

□ 枕头套
□ 洗衣网
□ 针线包
□ 备用眼镜

□ 隐形眼镜与清洁用品
□ 暖暖包
□ 塑料袋
□ 备用购物托运袋
□ 轻便型可折叠购物袋
□ 拖鞋

ENJOYABLE TOKYO

乐游东京

东京，是一个足以让女孩们一年旅游四次都不腻的都市。以东京车站为起点，一路向外扩展你的都市冒险圈，你会发现，东京永远都有让人惊奇的新东西出现！你可以踏上晴空塔远眺市景；也可以成为步行者天国中的主角；或者到各大日剧景点去探险。用力感受东京的气氛吧！你准备好乐游东京了吗？

ENJOYABLE TOKYO

執事が大好き!

日本各地のお箸

GRAN STA DINING

先从哪里开始逛呢?

SPOT 1 THE EXCITING BEGINNING

热闹起点

東京駅が街になる Let's Start From Here!

東京车站本身就是令人叹为观止的雄伟建筑，东京车站及其周边在Tokyo Station开发株式会社的规划经营下，以"街区"为概念的东京车站更威风了！车站内外、丸之内口、日本桥口及八重洲口，各有各的特色街区，时尚、文艺、美食、购物、流行，五花八门到让人以为身在shopping mall。

001
とうきょうえき

东京车站

日本交通枢纽，全日本最繁忙的中央车站

1914年大正时期所建的东京车站，外观按照欧洲文艺复兴风格设计，是拥有三大圆顶的3层楼钢骨红砖建筑。百年来历经大战及大火洗礼，经过几十年来各种阶段性的修复，终于成为现今看到的东京车站样貌。而东京车站100年来陆续新增了许多地铁路线，包括JR东日本各线、JR东海和东京地铁。地面上主要的出入口有"丸之内口"与"八重洲口"，两者又各分为北口、南口及中央口。附近知名景点包含皇居、帝国剧场、KITTE、东京中央邮局等。

东京车站除了本身的地铁外，在半径1公里内也有许多可步行到达的地铁站，如日本桥站、有乐町站、日比谷站、银座站等，要转乘其他地铁线非常方便。东京车站每日开设的各种列车班次总数约有4000班，庞大的运输量为东京车站带来永远人声鼎沸的热闹景象。

1 最繁忙的东京车站。**2** 车站内有许多伴手礼店铺，对于临时要买礼物送人的旅客来说非常方便。

📍 P158A.C4　🚇 东京都千代田区丸之内1-9-1　🚉 东京车站

东京车站地下街

买い物・食べる・游ぶ

东京车站地下街主要有八重洲地下街、GRANSTA及东京车站一番街。东京车站八重洲侧的"八重洲地下街"（ヤエチカ）是棋盘式规划的空间，总计有160家餐饮店、咖啡馆、生活杂货店，要是不想走路面等红绿灯或是在下雨天，都可以聪明地利用八重洲地下街行走兼逛街，只要确认地面上要去的出口编号，就能在地下街轻松行走。

"GRANSTA"囊括50间美食及甜点店面，横跨八重洲与丸之内，连接整个东京车站。位于检票口内的位置让所有乘客无需走出东京车站，就能采买各地知名的土产与美味的火车便当。

"东京车站一番街"则分为东京动漫人物街、东京点心乐园及东京拉面街，聚集了日本许多扬名世界的动漫人物、点心、拉面店家，另外还有销售各种日本、西洋等土特产品的店铺。

🚇 P158A.C4 🏠 东京车站地下1楼南通路，八重洲南口（东京拉面街）、中央口（东京点心乐园）、北口（东京动漫人物街）🕐 八重洲地下街商店10:00～20:00，餐厅11:00～22:00，GRANSTA 09:00～20:00，东京拉面街07:30～22:00，东京点心乐园09:00～21:00，东京动漫人物街10:00～20:30 🚉 东京车站

1 东京车站一番街的固力果店铺，有许多东京车站限定商品喔！
2 东京一番街里的零食品牌专区"東京おかしランド"。3 地下街假日活动。4 地下1楼的银之铃。
5 一番街的拉面专区，集结了东京有名的拉面店，美食系女孩绝对不能错过！

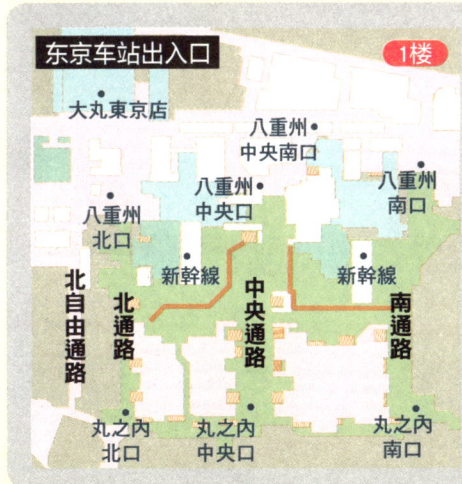

东京车站出入口 1楼

大丸東京店
八重洲・中央南口
八重洲・中央口
八重洲・南口
八重洲・北口
新幹線
新幹線
北自由通路
北通路
中央通路
南通路
丸之内北口
丸之内中央口
丸之内南口

Hint

东京车站&地下街绝对不迷路

要在东京车站不迷路，应先确认自己所在的位置。应车站东侧是"八重洲"，西侧是"丸之内"，1楼的两侧各有中央口、北口及南口共计6个出口。面对"八重洲"，左边是北口、右边是南口；面对"丸之内"，右边是北口、左边是南口，两侧由"中央通路""北通路"及"南通路"连接。地下一楼"八重洲"只有1个中央口，"丸之内"仍是3个出口。最明显的等待处1楼有由日本各地200副名筷集结而成的"箸时计"（箸ら時計），地下1楼则有"银之铃"。

东京车站一番街

卡哇伊、卡哇伊，还是卡哇伊

东京车站一番街依照各种主题规划了不同的专区，包括伴手礼区 "Tokyo Me+"、拉面区 "东京ラーメンストリート"、动漫人物周边商品专卖区 "东京キャラクターストリート" 以及零食大厂专区 "东京おかしランド"，吃的玩的应有尽有，绝对足够女孩们逛一个下午的时间。

追剧女孩 少女心

TBS、朝日、NHK等电视台，每年都出产许多部让女孩们趋之若鹜的日剧。这里集合了6家电视台的专卖店，虽然周边商品不如电视台总部那么齐全，但在省时之余也能满足女孩们一次搜罗的欲望！

1 FOCUS Nhkキャラクター ショップ
NHK 电视台专卖店

NHK吉祥物大集合

这里充满NHK电视台知名的吉祥物 "多摩君"（どーもくん）的周边商品，从小玩偶、钥匙圈、文具用品到伴手礼盒，应有尽有，玻璃橱窗内更展示了动画中的等比例场景及手绘分镜稿。

🏠 东京车站一番街动漫人物街　📞 03-3217-0608　🕐 全日10:00～20:30

▶ 多摩君的人偶动画场景。

小知识
"多摩君" 的名称来自日语 "どうも、こんにちは"（您好，早安）。

2 FOCUS フジテレビショップ
富士电视台专卖店

综艺节目之王

富士电视播出过许多像《SMAP X SMAP》《堂本兄弟》《VS岚》等杰尼斯偶像主持的节目，而过去开创联谊旅行新风潮的《恋爱巴士》也是富士电视台的当红节目。这里除了当季偶像剧的周边商品外，也有富士电视台的吉祥物 "拉福" 的商品哟！

🏠 东京车站一番街动漫人物街　📞 03-5208-4777　🕐 全日10:00～20:30

▶ 富士电视台商品陈列。

▲ 东京电视台店内陈列。

3 FOCUS テレ東本舗 东京电视台专卖店
传说中的电视冠军台

　　东京电视台是现今制作动画最多的电视台，早期红极一时的《电视冠军》也出自东京电视台。2014年，为了庆祝创台50周年，东京电视台推出了香蕉吉祥物"NANANA"。在这边也能买到许多"NANANA"的周边纪念品。

🏠 东京车站一番街动漫人物街　📞 03-6802-7221　🕐 全日10:00~20:30

4 FOCUS TBS STORE TBS 电视台专卖店
那些年我们一起追的偶像剧

　　TBS电视台出产了许多脍炙人口的日剧，如《流星花园》《龙樱》《在世界中心呼唤爱》等。近年TBS电视台的人气作品，则是《半泽直树》，还引发了诸如"土下座""十倍奉还"等经典桥段的模仿风潮。想买独家日剧周边商品？来TBS电视台专卖店就对了！

🏠 东京车站一番街动漫人物街　📞 03-6273-8216　🕐 全日10:00~20:30

◀ 在这里可以买到《半泽直树》的"加倍奉还"馒头喔！

5 FOCUS 日テレ屋 日本电视台专卖店
青春年代经典日剧

　　日本电视台播出过许多经典日剧，像《极道鲜师》《改造野猪妹》《鱼竿女又怎样》《家政妇女王》等，不仅捧红了人气演员、性格鲜明的女主角们，更令万千日剧迷向往不已。日本电视台专卖店也有许多自家的吉祥物"ふなっしー"（Funassyi）的周边商品。

🏠 东京车站一番街动漫人物街　📞 03-5980-8658　🕐 全日10:00~20:30

▼ 日本电视台店面陈列。

▲ 看见店里的商品陈列，就可知吉祥物"ふなっしー"多受当地人喜爱了！

6 FOCUS テレアサショップ 朝日电视台专卖店
儿时的怀旧卡通系列

　　女孩们对于《哆啦A梦》和《美少女战士》肯定不陌生，这些陪伴大家一起长大的动画就是出自朝日电视台，此外，长寿的流行音乐节目《Music Station》也是朝日电视台出品。朝日电视台吉祥物"ゴーちゃん"，是一只超可爱的熊猫，这里也有许多"ゴーちゃん"的周边商品哟！

🏠 东京车站一番街动漫人物街　📞 03-6802-7723　🕐 全日10:00~20:30

融化女孩少女心

最让女孩失心疯、钱包大失血的危险地带是"动漫人物商品街"（东京キャラクターストリート），这里搜集了日本各种知名的卡通人物商品，琳琅满目，不时会听到隔壁女孩传来兴奋的尖叫声。

FOCUS 1 ミッフィー スタイル
miffy style
米菲兔专卖店

这个色彩鲜艳、线条简单的小白兔，是1955年由荷兰插画家迪克·布鲁纳创作的米菲兔。据说当时迪克看着儿子与兔子玩耍的画面，勾起儿时曾养过兔子的回忆，便随手画下了线条简单的小白兔。至于为何miffy是女生呢？迪克说因为裙子好画多啦！米菲兔的故事总环绕在孩提时代的童真烂漫，简朴亲切的形象深受世界各地大小朋友的喜爱。

🏠 东京车站一番街动漫人物街　📞 03-3213-5571　@ http://ameblo.jp/miffy-style

▶ 小象玩偶 1个 / 880日元。

FOCUS 2 リラックマストア
轻松熊专卖店
可爱爆点的轻松熊

名字结合了"relax"（轻松）和日文"クマ"（熊）的轻松熊，又名拉拉熊，为日本SAN-X公司旗下的角色。模样懒洋洋又轻松的卡ধ伊，自2003年推出便深受众人喜爱，一直是大小朋友心中的人气王。这家店铺是卡通人物街上最大的一家，商品种类繁多，同时还推出许多其他分店买不到的限定商品，喜爱轻松熊的女孩们要小心你们的钱包了！

🏠 东京车站一番街动漫人物街　📞 03-3213-5501　@ http://blog.san-x.co.jp/rilakkuma-store

▲ 轻松熊饼干1包/368日元。

FOCUS 3 k-SPOT
Kiddy Land 玩具店
讨喜的欧吉桑熊猫

Kiddy Land 1946年开店，最初以图书为主，之后转变为以玩具、游戏和卡通人物的周边商品为主，是东京知名的老字号玩具连锁店。Kiddy Land特别挑选时下新流行或人气正旺的卡通商品，以期间限定的方式在东京车站销售。

🏠 东京车站一番街动漫人物街　📞 03-3213-5575　@ http://www.kiddyland.co.jp

▼ 欧吉桑熊猫玩偶。

FOCUS 4　レゴ クリックブリック
LEGO乐高乐园

忘不了第一次盖小房子的经验

　　店内陈列着男孩与女孩的乐高商品，包括模型玩具和衣服。特别的是在角落可以定制钥匙圈：挑选自己喜欢的乐高砖块和乐高人物，之后填写单子，写下想要刻的文字和颜色后交给柜台，只要等待10～15分钟，专属的钥匙圈就出炉啦！

🏠 东京车站一番街动漫人物街　📞 03-3215-0105
@ http://www.clickbrick.jp

定制乐高钥匙圈 1组/1500日元。▶

FOCUS 5　Donguri Garden
吉卜力专卖店

陪大伙儿长大的宫崎骏动画

　　不论是怀旧的豆豆龙、悬崖上的波妞或是千寻少女，这里集合了吉卜力工作室的各种知名角色的商品。喜欢宫崎骏细腻画风的女孩们，可以在这里挖到许多珍贵的宝贝！

🏠 东京车站一番街动漫人物街　📞 03-5222-7871　@ http://www.benelic.com

黑猫宅急便毛巾 1条/1500日元。▶

FOCUS 6　カピバラさんキュルッとショップ
水豚君专卖店

超级疗愈系小动物来了

　　店门口播放着水豚君的动画，不知不觉就被吸引过去。胖嘟嘟的水豚君是日本最新的疗愈系明星，懒洋洋的模样配上无辜又圆溜溜的眼睛，诞生5年就累积超过85亿日元的销售额。而世界上真的有水豚这种动物喔！水豚是一种半水栖的食草动物，以水草、果实和树皮为食。

🏠 东京车站一番街动漫人物街　📞 03-3213-5530
@ http://tryworks.jp/index.php

◀ 水豚君食玩商品。

FOCUS 7　ハローキティショップ
Hello Kitty shop

粉红梦幻无嘴角色来袭

　　少女们的粉红梦幻天地，三丽鸥最受欢迎的角色。身为粉红猫迷的女孩，除了购买店里的一般用品，如衣服、手提袋、文具用品等之外，别忘了添购东京车站限定的Kitty猫蛋糕。

🏠 东京车站一番街动漫人物街　📞 03-3213-5572

东京站限定蛋糕 1个/500日元。▶

スヌーピータウンミニ
SNOOPY史努比专卖店

重温幽默温馨的时光

还记得插画家查尔斯·舒兹（Charles M. Schulz）笔下幽默活泼的史努比狗狗吗？在这里也有一家小小的专卖店喔！除了钥匙圈、杯子、袋子等一般生活用品之外，还有衣服和糖果礼盒可以挑选。

🏠 东京车站一番街动漫人物街　📞 03-3215-7030　@ http://town.snoopy.co.jp

◀ 买件童装送给好友的小孩吧！

集英社《周刊少年》专卖店
JUMP SHOP

少年热血动漫大集合

店内陈列着知名漫画《海贼王》《火影忍者》《银魂》等各式各样的周边商品，包括了毛巾、钥匙圈、相框、扭蛋、T恤衫、提袋……门口的角落还摆放着纪念币制造机，可以打上自己的名字喔！喜爱动漫的女孩们绝不能错过。

🏠 东京车站一番街动漫人物街　📞 03-3215-0123　@ http://www.benelic.com

▲ 选择喜欢的角色，为自己做个纪念币吧！喜欢动漫的女孩怎能不进去呢？ ▶

企鹅专卖店
PENASTA by Suica

Suica（又称"西瓜卡"），是JR东日本发行的IC感应卡，类似我们的市政交通一卡通，可以充值，不仅可以用来搭乘交通工具，也可以用来购物。而Suica上面的企鹅就是JR东日本的卡通代表形象，在地铁广告或是日本街头随处可以看到它俏皮的身影。

🏠 东京车站八重洲南口站内　@ http://www.eki-net.biz/suica-goods/top/CSfTop.jsp

东京站限定蛋糕 1个/500日元。 ▶

女人永远有两个胃

2013年11月，在东京车站一番街的1楼规划了新区域Tokyo Me+，集合了东京有名的伴手礼，依照不同性质共分为4个区，包括偏西式的人气甜点大师区、各种日式食物或杂货的老字号伴手礼区、东京经典名店区和私房甜点区。若时间有限，这里是绝佳的采买伴手礼的地方！

🏠 东京车站八重洲北口(东京车站一番街1F) 📞 平日09:00-20:30，周六日及假日09:00~20:00

1 FOCUS 文明堂
ぶんめいどう

百年蜂蜜蛋糕老店

这个于1900年创立的老店，以蜂蜜蛋糕闻名。蓬松绵密、湿润又不甜腻的口感，深受大众的喜爱。除此之外，精致的礼盒包装绝对是体面不失礼的伴手礼选择！

🏠 东京车站一番街Tokyo Me+ 📞 03-3211-0002 @ http://www.bunmeido.co.jp

幸福感up!up!

蜂蜜蛋糕 カステラ 1条/1080日元。▶

◀ 法兰酥 ゴーフル 一盒/378日元。

2 FOCUS 东京风月堂
とうきょうふうげつどう

风靡社交界的经典法兰酥

1872年创办的名果老店，以好吃的法兰酥闻名。高级的点心与具有质感的包装，也是社交名流送礼的选择之一。风月堂除了伴手礼点心外，还提供带餐点的下午茶。

🏠 东京车站一番街Tokyo Me+ 📞 03-5252-3603 @ http://www.tokyo-fugetsudo.co.jp

3 FOCUS NOAKE TOKYO
ノアケ トウキョウ

融在嘴里的幸福滋味

这家来自浅草的原创甜点店，将焦糖棒棒糖包装成一束束赏心悦目的花束，远远地就能吸引女孩们的目光。棒棒糖内包覆着果酱，中和了焦糖的甜味，吃起来一点也不甜腻！

🏠 东京车站一番街Tokyo Me+ 📞 03-3287-7076 @ http://noake.jp

4 FOCUS TOKYO HEART
トウキョウ ハート

散发热情的粉红爱意

招牌上大大的粉红爱心，来自店内的招牌商品"TO-KYO HEART"蛋糕。改良法国传统的达克瓦兹蛋糕(Dacquoise)，外层酥脆、内层柔软轻盈的特殊口感，搭配爱心的造型，如同女孩有着坚毅的外表和细腻敏感的内心。

🏠 东京车站一番街Toky Me+ 📞 03-6269-9913 @ http://www.eponge-tokyo.jp/heart.html

▼ TOKYO HEART东京 ハート 4片/600日元。

水果焦糖棒棒糖 3支/780日元。▶

中国虽然也有从日本进口的零食,但许多"当地限定"的商品还是得到东京来才能一饱口福。"東京おかしランド"(东京点心乐园)集合了三大经典品牌零食的专卖店,外加一个期间限定摊位,包准能满足女孩们的零食胃!更激动人心的是,东京车站分店会推出"东京车站限定版"零食,这样让人难以抗拒的营销手法,即使你不特别想买东西,还是忍不住会沉浸在购物的氛围中。女孩们来到这里,基本上是很难把持住节食关卡的哟!

⌂ 东京车站一番街B1(近八重洲地下街) ⏱ 全日09:00~21:00

とても 美味しい〜

ぐりこ・やkitchen
① Glico固力果屋
FOCUS

零食巧克力棒的专家

知名的品牌江崎固力果,在这里可以买到现做的杏仁巧克力及烘焙杏仁。除此之外,Pocky也是这家店著名的产品,有特大盒及各式各样口味的Pocky任君挑选。特别要推荐的是"微奢侈布丁"(ちょっと贅沢プリン),这是一款不是太甜的好吃布丁,可在常温下保存,买来送礼或自己吃都很不错!

📞 03-6269-9828 📧 http://www.ezaki-glico.net/glicoya/kitchen_tokyo.html

▲ 巨型波奇棒(Pocky)有7种口味。
◀ 店里有许多礼品组合。
▼ 洋芋片、饼干、布丁都想通通带回家!

2 FOCUS 森永のおかしなおかし屋さん
森永制果
儿时记忆里的精品糖果

　　森永是日本百年制果老品牌，在中国也累积了相当久的知名度。除了广为人知的牛奶糖之外，大嘴鸟巧克力与周边商品也是这里的人气必买产品！

📞 03-6212-5088 ◉ http://www.morinaga.co.jp/okashiya

森永专卖店里的福星大嘴鸟。▶

3 FOCUS カルビープラス
Calbee+
洋芋片界的航空母舰

　　Calbee+的产品在中国的商店也能买到，不过口味有限，而在这里有各种不同的选择。现场更有人气超高的现炸马铃薯片及薯条，口感外酥内软，还可以选择巧克力酱、起司酱等配料，是到东京点心乐园时不可错过的小点心。

📞 03-6273-4341 ◉ http://www.calbee.co.jp/calbeeplus

▲ じゃがりこ 长颈鹿薯条 8包/864日元。

▲ 屏幕播放有趣的商品广告动画，让人更想购买零食了！

◀ 炸马铃薯条 1杯/310日元。

4 FOCUS トハト
Tohato（期间限定摊位）
永远吃不腻的零食组合

　　"Tohato"在东京有让人忍不住尖叫的限定版本，以及在中国买不到的口味。而位于东京车站的期间限定摊位，大约每隔两个月就会换一家厂商进驻，来东京之前不妨上东京车站一番街的官网打探一下，到现场时就不会手忙脚乱地挑商品了！

◉ http://tohato.jp/index2.php

ハーベスト 蜂蜜牛奶 16包/648日元。▶

KITTE新视界

东京女人疗愈新据点

KITTE于2013年3月隆重开业，两周内即有超过100万人次的访客，很快成为东京新据点。KITTE由日本知名现代建筑师隈研吾设计，改建自已有80多年历史的旧东京中央邮局大楼。名称来自日语的邮票"切手"（きって）和来"来て"（きて），以呼应原本的中央邮局；设计师将商场分成时尚、生活、食物三大区块，希望传达"感受日本"的设计概念，让来这里的顾客都能感受到结合生活与艺术、传统与现代的日本文化。

KITTE（キッテ）的设计概念是将形形色色的人（ヒト）、物（モノ）、事（コト）联系在一起。从地下1楼到地上6楼总共7个楼层，结合美感、地域观光、百年老铺职人匠心的味道，聚集来自日本全国各地的名品、美食及人气店铺，打造舒适、有深度的愉悦空间，让来到这里的人都心动不已。

成为女孩时尚购物新天堂的KITTE，外观保留着昭和时代的白色外墙，内部则运用挑高的空间、玻璃与光线，呈现出明亮利落的现代感。除此之外，KITTE的每个楼层都被赋予不同的主题，从"日本各地传统美食"到"温馨的家常菜"，从"日本的审美情趣"到"古典与现代感性的融合"，呼应了整个商场的设计理念。不论是购物、吃饭或是喝下午茶，KITTE绝对值得女孩们花一整个下午的时间，放缓步调，让自己优雅地沉浸在这传统与现代的日式冲突美感中。

P158A.B5 东京都千代田区丸之内2-7-2 商店：周一到周六 11:00～21:00，周日及假日11:00～20:00；餐厅：周一到周六11:00～23:00，周日及假日11:00～22:00 http://jptower-kitte.jp 丸之内线东京车站地下道直达，JR东京车站丸之内南口步行约1分钟，千代田线二重桥前站步行约2分钟，三田线大手町站步行约4分钟

图片提供／AIGLE

图片提供／AIGLE

图片提供／Hush Puppies

图片提供／mie

图片提供／mie

一次采购完全部想要的东西吧！

001
とうきょうちゅうおうゆうびんきょく

东京中央邮局

限定商品挖宝

　　这里是女孩们寄明信片的最佳地方！除了处理一般的邮务外，与其他邮局不同的是，这里还销售东京车站限定版周边商品，例如文艺女孩们一定会爱上的纸胶带、文件夹、信封、信纸、明信片等。不妨在这里直接购买限定的明信片寄回家吧！特别提醒女孩，这里分两种柜台，一种处理一般的寄信邮务，另一种则是购买商品的结账处，女孩们不要抽错号码牌喔！

🏠 1F 📞 03-3217-5231 🕐 周一至周五11:00~21:00, 周六日及假日11:00~19:00 @ www.japanpost.jp

1 东京中央邮局的柜台 。2 限定明信片 1张/185日元、限定文件夹 1个/225日元。

002
ファーマシー イー・エム

PHARMACY e.m.

请给女孩一张时尚的处方笺吧！

　　这是日本珠宝饰品品牌 "e.m." 新的概念店。"e.m." 的珠宝设计细腻且充满生命力，是日本相当知名的珠宝品牌，安室奈美惠、大冢爱、宝儿等都曾指定佩戴，广受艺人与名媛的喜爱。英文 "Pharmacy" 为药店之意，是将各种药丸调和在一起，变成不同处方笺的地方。因此通过这样的概念，经营者将不同风格、不同类型的商品通过创意的药店空间展示出来，希望能营造出崭新又具创意的火花，为这些商品多添加一丝趣味时尚，吸引顾客的目光。

🏠 1F 📞 03-6256-0833 🕐 周一至周五11:00~21:00, 周六日及假日11:00~19:00 @ http://www.em-grp.com/empharmacy

1 3 微笑的鹿标本，让路过的顾客忍不住停下脚步走进店里去。2 忍者茶包 1包3入/ 432日元。

003
なかがわまさしち

中川政七商店

棉麻质感生活杂货

　　1716年中川政七商店于奈良创店，以高级手工麻制品起家，旗下有许多品牌，包括日式设计织品 "游中川"、提倡美丽生活的生活杂货 "粋更kisara"、专卖日本伴手礼的 "日本市"、袜子专卖店 "2＆9"、手帕专卖店 "motta"，等等。每家店都可以感受到社长结合日本传统工艺品与现代设计的崭新理念。

🏠 4F 📞 03-3217-2010 @ www.yu-nakagawa.co.jp

1 从服饰、刀盘、手帕到生活用品，商品种类繁多。2 相当具有日系配色风格的生活杂货。

Marunouchi Reading Style

当杂货先生与书小姐在咖啡店约会

这是集杂货、书籍与咖啡于一体的三合一空间，提倡"有意思的生活"。店家精选许多引起好奇心的书和有趣的生活杂货商品，让客人在店里探索玩心。这里的料理以健康的有机食材为主，希望客人能吃得开心也安心。除此之外，最受大众欢迎的是，客人们可以将店里销售的部分书籍携带到咖啡区，一边享用美食一边阅读。

1 2 在商品区旁的咖啡区，空间非常宽广。**3** Beer Rich 1入/918日元。一开始以为是调味料，走近一看大为惊艳，原来是自制调酒的商品。只要将热水倒入瓶中，再放进冰箱4小时后与啤酒调和，就变成了冰凉可口的自制调酒。

🏠 4F 📞 03-6256-0830 @ http://r.gnavi.co.jp/gd1n612

MUJI to GO

适合旅人的生活便利店

MUJI to GO主要针对旅行与商业人士，精挑细选适合时常出行之旅客的各类商品，包括文具、服饰、充电器、行李箱等，强调便利实用。比较特别的是，这里有女孩们最爱的笔记本DIY区，购买喜欢的笔记本后，就可以坐在这里，用店里提供的印章制作属于自己的专属笔记本。

🏠 3F 📞 03-5220-3120
@ http://www.muji.net

1 店里提供许多印章，让顾客自行设计笔记本。**2** 无印良品全球旗舰店就在这里。

向山制作所

超人气焦糖布丁

店内的人气商品"焦糖布丁"，用签约农场直送的新鲜鸡蛋与牛奶制成，再淋上向山制作所的招牌焦糖，有入口即化的顺滑口感，美食女孩千万不能错过。

🏠 B1F 📞 03-6256-0801 @ http://www.mukaiyama-ss.co.jp/sitemap.html

1 位于地下1楼的开放式店铺，一眼就能看到。**2** 细心的包装，还没吃就已经让女孩的心融化了。

1

图片提供 / TOWER KITTE

2

图片提供 / Norio, NAKAYAMA

3

来楼上庭园看东京车站吧！

4

007
キッテガーデン
KITTE Garden

从最美角度的欣赏东京车站

位于KITTE 6楼、现代简约风格的空中花园，虽然楼层不高，但180度的宽广空间可以俯瞰东京车站的前后面，许多专业摄影师和铁道迷都会前来这里拍照取景喔！女孩们若逛街累了，可以买杯热茶或咖啡到屋顶上稍作歇息，同时欣赏眼前美丽的东京车站。

🏠 6F

1 从电梯出来，一片绿意映入眼帘。**2** 可在庭园休息、散步、聊天。**3** 假日的1楼大厅人山人海。**4** 铁道迷也常来这里欣赏美景。

008
とうきょうシティアイ
东京City i

多国语言旅游资讯服务

东京旅游资讯中心向游客提供广泛的旅游资讯，例如交通、餐饮、住宿、娱乐等。咨询柜台提供日语、英语、中文以及韩语4种语言的服务，除了提供旅游资讯外，还有预订饭店及车票的服务。如果女孩们害羞于同对方交谈，也可以到电脑区使用他们的系统，寻找自己的下一个旅游景点。界面同样提供4种语言，且操作简单易懂，贴心的是找到景点后可以打印出来（需付费）。

1

2

🏠 KITTE B1F 📞 全年 08:00~20:00 @ http://www.tokyocity-i.jp

1 女孩们不用担心看不懂日文，因为查询系统提供4种语言。**2** 一整面的旅游传单分区摆放，对于游客来说非常便利。

就是爱动漫，不来朝圣真是太没天理了。

动漫迷妹

热爱动漫的流行系女孩必逛场所，不可错过的朝圣景点

说到动漫迷的东京朝圣景点，东有秋叶原，西有池袋乙女街（乙女ロード），从动漫周边产品、女仆餐厅、Cosplay、声优、同人志到执事喫茶店，这一系列日渐发展的动漫文化正是从这里开始然后慢慢拓展到全世界的！喜欢动漫的女孩们，到秋叶原和池袋乙女街朝圣就对了！

001
ガチャポン 会館

秋叶原扭蛋会馆

扭蛋迷的天堂！

扭蛋机绝对是个让动漫迷们又爱又恨的东西，只要投进硬币，再扭转转售货机的旋钮，就会自动掉落内有玩具的蛋型胶囊。因为每次扭蛋都是随机的，因此要转到想要的商品甚至限量版玩具就得碰碰运气了。这家"秋叶原扭蛋会馆"拥有450台以上扭蛋机，产品几乎囊括所有人气动漫主题，女孩们路过不妨花几枚百元铜板来试试手气吧！若对扭蛋没兴趣，店里也销售人气动漫角色公仔，价格绝对比在中国买划算！

📍 P158A.C1 🏠 东京都千代田区外神田 3-15-5 MN大楼 📞 03-5209-6020 🕐 平日11:00～20:00，周五至周六与假日11:00～22:00，周日11:00～19:00 🚅 JR山手线秋叶原站电气街口步行约10分钟，东京Metro银座线末广町站步行约3分钟 @ http://www.akibagacha.com

1 扭蛋会馆里扭出来的动漫人物。2 扭蛋会馆虽然在路边，但在琳琅满目的秋叶原店家中很容易被忽略。

002
ヨドバシアキバ

Yadobashi-Akiba

让女孩失心疯的超级大商场

　　Yadobashi是东京知名的电器卖场之一，位于JR秋叶原车站东侧的这栋大楼更是数一数二的大型购物中心。1楼到7楼都是卖场，从数码相机、单反相机到模型玩具、名牌皮包、化妆品等，大约有85万种商品。8楼是餐厅，从寿司、拉面到定食，各种类型都有，绝对能满足女孩们的胃。特别推荐女孩们的是1楼的手机壳销售区，这里的手机壳图案五花八门，而且价格不高，可以一次买好几个回去，天天都能给手机换个美美的外壳啦！

📍 **P158A.C1** 🏠 东京都千代田区神田花冈町1-1 📞 03-5209-1010 🕐 09:30~22:00
@ http://www.yodobashi-akiba.com/index.html
🚃 JR山手线秋叶原站电气街口步行约2分钟

1 2 五花八门的手机壳图案，一不小心就会让女孩们的荷包大失血！ 3 Yadobashi-Akiba大楼的外观。

003
k-BOOKS あきばばら

K-BOOKS 秋叶原本馆

一起潜入重量级动漫连锁商店

　　K-BOOKS是知名的动漫周边商品连锁店，本馆在Akibaカルチャーズ ZONE的2楼，销售书籍、动漫周边商品、模型、游戏、影音等。K-BOOKS也设有收购柜台，可以将自家收藏已久的动漫商品拿来估价，说不定能卖个不错的价钱。位于1楼的K-BOOKS新馆，则是专卖周刊、月刊、声优、漫画、小说等，书籍种类繁多，女孩们来这儿就能一次买齐！

📍 **P158A.C2** 🏠 东京都千代田区外神田1-7-6 AKIBAカルチャーズ ZONE2F 📞 03-3255-4866
🕐 11:00~20:30 @ http://www.k-books.co.jp 🚃 JR山手线秋叶原站电气街口步行约5分钟

1 门口的动态宣传媒体。 2 K-BOOKS秋叶原本馆活动动漫人物。

004
まんだらけコンプレックス

MANDARAKE complex

一栋楼就能满足你的动漫魂

　　MANDARAKE在东京有许多分店，专门销售各式各样的动漫周边产品，在秋叶原的这一整栋MANDARAKE共有8层楼，分别销售玩偶、Cosplay相关产品、漫画、男性同人志、女性同人志、CD、DVD、卡牌、扭蛋及玩具等。比较特别的是1楼为收购窗口，只要符合官网上的收购条件，女孩们也可以把家中的玩具拿来销售。

📍 **P158A.C1** 🏠 东京都千代田区外神田3丁目11-12 📞 03-3252-7007 🕐 12:00~20:00
@ www.mandarake.co.jp 🚃 JR秋叶原站电气街口步行约4分钟

1 初音ミク的周边商品。 2 曾办过演唱会的动漫人物"初音ミク"。

005

k-BOOKS アニメ

K-BOOKS动画馆

第一手动画资讯就在这儿!

日本最流行的新番动画DVD都能在这找到,包含周边商品等,当然还有各种让女孩们的心都融化的男性声优特辑。对"限定版"动漫周边商品无法抵抗的女孩们,可以安排时间来这里挖挖宝,说不定可以带回让你爱不释手的超赞收藏品。

📍 P163L.B1 🏠 东京都丰岛区东池袋3-2-4コーケンプラザ1F、2F 📞 03-3985-5456 🕐 11:00~20:30 @ http://www.k-books.co.jp 🚉 JR山手线池袋站东口步行约7分钟

1 专为动画而设立的馆。

006

k-BOOKSどうじん

K-BOOKS 同人馆

可别小看同人市场的消费潜力!

K-BOOKS除了本馆与新馆在秋叶原之外,其他店家都坐落在池袋。池袋这边的K-BOOKS以种类区分,同人馆专门销售日本的同人志,每日都有委托销售的同人志进货,无论新刊还是旧刊,几乎都能在这找到!

📍 P163L.B1 🏠 东京都丰岛区东池袋3-12-12正和ビル2F 📞 03-5953-2666 🕐 11:00~20:30 @ http://www.k-books.co.jp 🚉 JR山手线池袋站东口步行约7分钟

1 同人志是"同人女"心中永远的精神食粮。

007

セガギーゴ

SEGA GIGO

传说中性价比最高的夹娃娃机

喜欢动漫与游戏的女孩们对SEGA一定不陌生,这栋SEGA大楼充满惊奇,从地下1楼到7楼囊括了大型游戏机台和体感游戏机等,也有很适合女孩的夹娃娃机。6楼是女性专属楼层,摆放着许多大头贴拍照机,店家非常贴心地准备了各式各样的服装,以满足女孩们小小的Cosplay愿望,而且服装中有一部分是可以免费穿戴的。由于6楼是女性专属楼层,除非有女孩带着一起进去,否则男生是被禁止入内的哟!

📍 P163L.B1 🏠 东京都丰岛区东池袋1-21-1 📞 03-3981-6906 🕐 10:00~01:00 @ http://www.sega-entertainment.jp/index.html 🚉 JR池袋站东口,沿60条通步行约7分钟

1 日本的夹娃娃机。2 拍完大头贴之后还能让女孩们随意加上文字与图案。3 日本的夹娃娃机虽然很稳,但还是需要一点小技巧才能用最少的零钱夹到。

008
めいどりーみん

Maidreamin

来与萌萌女仆一起度过开心的下午吧！

　　秋叶原的女仆餐厅闻名世界，只要一进入秋叶原的街道，不能不看到许多可爱的女仆在路边发传单、想要轻松体验女仆餐厅文化，不妨来Maidreamin坐坐。Maidreamin标榜"让主人感到安心的萌萌体验"，在日本有17家分店，其中光是秋叶原就占了7家。对日文不擅长的女孩们也不用太担心，店里有英文菜单，而且活泼开朗的女仆们即使语言不通也会跟主人们开心地互动哟！

📍 P158A.C2 🏠 东京都千代田区外神田1-8-10 バウハウス2F（秋叶原外神田一丁目店）📞 03-6206-9974 🕐 周一至周五11:30～23:00，周六10:30～23:00，周日与假日10:30～22:00 @ http://maidreamin.com
🚉 JR秋叶原站电气街口步行约2分钟

1 秋叶原除了连锁女仆餐厅外，在巷弄里也可以发现一些小型的女仆咖啡店。2 看板上放满超级可爱的女仆们的图像。

009
AKB48 カフェ＆ショップ

AKB48 CAFÉ&SHOP

超人气偶像主题餐厅

　　日本超人气女子团体AKB48的主题餐厅，也是粉丝到日本游玩时必来的朝圣之处，无论是姐妹们一起喝下午茶或吃晚餐，都能感受到AKB48无所不在的魅力！除了销售各式各样的AKB48周边商品之外，也可以通过大屏幕与同好们一起观看AKB48的演唱会影片。除此之外，墙上还有每个成员亲笔书写的文字或涂鸦，在小地方都能感受到偶像们的用心！特别要注意的是SHOP区的营业时间只到22:00，想买周边商品的女孩要把握时间。

📍 P158A.C1 🏠 东京都千代田区神田花冈町1-1 📞 03-5297-4848 🕐 周一至周四11:00～22:00，周五与假日前日11:00～23:00，周六10:00～23:00，周日与假日10:00～22:00
@ http://akb48cafeshops.com/akihabara 🚉 JR秋叶原站电气街口步行约1分钟

1 距离车站超近，外面可以见到大批排队的人。
2 让粉丝们疯狂抢购的偶像周边商品。

010

K-BOOKS コスプレ

K-BOOKS cosplay 馆

女孩玩角色扮演的大本营

本店号称是池袋乙女街的"Cosplay圣地",从假发到各种动漫Cosplay服装应有尽有,在角色扮演的相关杂志上相当受欢迎。除了基本的装发,一些动漫角色会用到的武器及随身物品也都能在这里找到,林林总总的商品超过2000种,喜欢Cosplay的女孩们不妨来采购一些吧!

P163L.B1 东京都丰岛区东池袋3-11-1东池袋ビル1F 03-6907-8851 11:00~20:30 http://www.k-books.co.jp JR山手线池袋站东口步行约9分钟

想把Cosplay玩得专精,就要来这里采购!

1 视觉系摇滚风格的Cosplay服装。**2** 号称池袋最强的Cosplay服装店。

011

アニメイトいけぶくろほんてん

animate 池袋本店

知名的跨国动漫连锁专卖店

在日本拥有超过100家连锁的动漫、电玩专门店"animate",称它为动漫专卖店的龙头也不为过,对于这样知名的店,女孩们一定不能错过位于池袋的animate本店。1楼售卖与动漫相关的点心伴手礼及杂志,2楼到4楼是漫画区,5楼、6楼销售超人气公仔与动漫人物商品,7楼销售动画DVD、CD及电玩游戏,8楼则不定期举办人气作品的相关宣传活动,女孩们出行前别忘了先上官网查看最新消息,说不定可以遇到偶像呢!

P163L.B1 东京都丰岛区东池袋1-20-7 03-3988-1351 10:00~21:00 http://www.animate.co.jp JR山手线池袋站东口步行约7分钟

1 经过整栋规划的整栋总本店气势非凡。

012
メイキドウ
明辉堂

让女孩败家的同人天堂

明辉堂是女性（女性向け）同人志的专卖店。以网络销售为主的明辉堂，在池袋隐僻的巷弄里也有实体店面，外观看起来像是普通的旧式大楼，搭电梯上去才会发现里面别有洞天。里面的分类相当清楚，几乎能找到各种动漫的同人志，而且价格换算成人民币每本大约15元起价，可以说相当便宜，喜欢同人志的女孩们一定不能错过这挖宝的好机会。

🔲 P163L.B1 🏠 东京都丰岛区东池袋3-4-1第2朝日ビル4F 📞 03-6907-8339 🕐 11:00~20:00 @ http://www.meikido.com/sg2/index.php 🚃 JR山手线池袋站东口步行约7分钟

1 隐藏在公寓区的1楼小招牌。**2** 门口的矮桌上设有涂鸦本，让女孩们可以随意画图或留言。**3** Hunter x Hunter同人志 / 300日元。

只要有爱，任何角色都能被画成同人本！

其他地区动漫篇

1. 海贼王专卖店
（ONE PIECE麦わらストア）

史上最大的海贼王专卖店，一进店就见到真人比例的鲁夫与乔巴在门口迎接女孩们。不用紧张，拿起手机跟他们自拍一下吧！店里销售《海贼王》的周边商品，喜欢《海贼王》的女孩们经过涩谷千万不能错过！

● 地址：东京都涩谷区宇田川町15-1 涩谷PARCO-6F
● 电话：03-5428-4161
● 营业时间：10:00~21:00
● 交通：东京Metro副都心线、银座线、半藏门线涩谷站7a出口步行约8分钟，JR山手线涩谷站八公口步行约9分钟
● 官网：http://shibuya.parco.jp

1 全店都是海贼王主题的周边商品。

2. Yamashiroya 玩具店

位于上野的Yamashiroya玩具店一共有6层楼，每层都有不同的主题玩具，从拼图、公仔、扭蛋到手机外壳贴纸，整栋逛下来，即使没买到东西也会有一种满足感！

● 地址：东京都台东区上野6-14-6
● 电话：03-3831-2320
● 营业时间：10:00~21:30（元旦休息）
● 交通：东京Metro银座线、日比谷线上野站5b出口步行约1分钟，JR山手线上野站广小路口步行约2分钟
● 官网：http://www.e-yamashiroya.com

1 LINE的人气玩偶兔兔与熊大。**2** 光看门面就已经感受到玩具的魅力。**3** 历久不衰的经典漫画《哆啦A梦》周边商品。

東京晴空街道真是逛街的天堂。

SPOT 4 TOKYO SKYTREE TOWN

东京晴空塔

一同奔向幸福的天空吧!

由建筑师澄川喜一、安藤忠雄共同设计的东京晴空塔，是为了因应市中心高楼造成的电波传输障碍而设计的，是全世界最高的自立式电波塔。专属吉祥物是Sorakara-chan（ソラカラちゃん），它来自外太空，有着五角星星的可爱模样，随身还带着望远镜，蓬蓬裙的格子花纹就是取自晴空塔的外形。

图片提供/薛展汾

001
とうきょうソラマチ

东京晴空街道

就算腿酸也要失心疯逛一整天

从时尚服装、生活杂货、经典甜食到完美伴手礼，东京天空町集结了300多家知名商店，按主题规划楼层，女孩们不怕在晴空塔下迷失方向。除了晴空塔中心，东京天空町商圈主要分为东侧与西侧，西侧共5层，主要以餐厅与咖啡厅居多，东侧则是让女孩们荷包失血的采购区域。建议女孩们可以先逛完一侧后，再穿过另一侧继续血拼。每家商店都有编号，在时间有限的情况下，建议可以在开始失心疯前先做好理性的规划，在服务处拿张平面图，将自己必逛的商店圈起来再开始行动，因为总是会在不预期的小角落发现可爱的新玩意!

📍 P159B_A2 🏠 东京都墨田区押上1-1-2 📞 0570-55-0634
（09:00~20:00）🕐 08:00~22:00 📧 http://www.tokyo-skytree.jp
🚇 地铁押上站、晴空塔站

1 大家为之疯狂的"斑纹版东京banana"。**2** 晴空街道中风行欧洲的Scott自行车公司开设的Booster Cafe。**3** **4** 东京晴空街道的入口及商店街。

东京晴空塔

漫步在云端

　　位于墨田区的东京晴空塔（東京スカイツリー），于2012年5月22日隆重开幕，高达634米，是世界上最高的电波塔，同时也是东京的新地标。东京晴空塔在日语里其实是"东京天空树"的意思，当初，本想直接命名为"东京铁塔"，后来在公开募集名称后，通过民众的网络票选，正式命名为"东京Sky Tree"，犹如一棵高大的树不断地向天空生长，而树底下能够聚集人群，彼此交流，希望通过晴空塔吸引世界各地的游客前来参观，带动整个商圈。

　　东京晴空塔内分两个区域：位于350米高的天望甲板区和位于450米高的天望回廊区。天望甲板区共有3层（340楼～350楼），除了有晴空塔专卖店、咖啡店和餐厅，最重要的是环绕四周的360度的大玻璃，整个关东区的美景尽收眼底。如果觉得还不过瘾，可以再往上到天望回廊区，从445楼开始的玻璃回廊，一直绵延到450楼，一边漫步回廊，一边远眺塔外景色；特别建议晚上来这里，女孩们会有一种在空中散步的浪漫错觉！

　　晴空塔这一整区其实是个都市开发计划，集结商业、文化、娱乐的综合性开发，除了晴空塔本身外，还包括有许多商店进驻的东京晴空街道（東京ソラマチ），囊括了东京最新潮流的美食、服饰和娱乐设施。东京晴空塔东塔（東京スカイツリーイーストタワー）是以优越的地点及现代化设备著称的办公大楼。拥有可近距离观察企鹅的墨田水族馆，拥有日本国内第二座、关东地区第一座完全使用人工海水与日本国内最大规模室内开放水槽及天文台般的球形圆顶剧场"天空"天文馆等，足以让女孩们泡一整天，疯狂地吃喝玩乐！

📍 P159B.A2　🏠 东京都墨田区押上1-1-2　📞 0570-55-0634（09:00～20:00）　🕐 08:00～22:00　@ http://www.tokyo-skytree.jp　🚇 都营浅草线、京成押上线押上站、东武铁道伊势崎线晴空塔站

1 从十间桥观赏到的河道与完整的晴空塔。**2** 位于4楼的户外广场，种植了许多树木，不时会有活动摊位在这里摆设。**3** 位于晴空塔4楼的售票处。**4** 可以乘坐从浅草出发到晴空塔的人力车。

★ FOCUS

东京晴空街道
商店探索

买这个好、买那个也好！

晴空塔的1楼到7楼，合称为"东京晴空街道"，分为东西两翼。共有300多家店铺的东京晴空街道，是一条即使逛一天也逛不完的商店街，从乐高到Hello Kitty都有，伴手礼也有著名的Rilakkuma、Medicom Toy、东京巨人队的officialstore、NHK多摩君、元祖食品模型屋等精彩选择，到处充满时尚流行及生活杂货。

FOCUS 1 パーティリコ
Party Rico

卡通玩偶专卖店

卡通玩偶专卖店Party Rico从第一眼的店面陈列看，就知道这里专卖许多人气卡通角色的周边商品。除了大大小小的玩偶让女孩们忍不住捏一下之外，店内还有相关文具、美妆等。

🏠 1F–EastYard–27 📞 03-5809-7035 🕘 09：00～22：00 @ http://par-tyrico.net

▶ Party Rico有许多动漫周边商品。

FOCUS 2 アンパンマンキッズコレクション
面包超人童装店

初中女孩们的童年回忆

初中女孩们一看到眼前的招牌，是不是勾起了小时候的回忆？正义的面包超人来了！圆圆的脸蛋、红红的鼻子，模样是不是很可爱呢？

🏠 1F–EastYard–27 📞 03-5809-7035 🕘 09：00～22：00 @ http://partyrico.net

▶ 只销售童装，让充满童心的大人呼喊"我也要！"。

FOCUS 3 盐屋 まーすやー
盐屋 ma-suya

日本最大的盐专卖店

使用冲绳著名的雪盐制作各式各样的饼干点心，吃起来咸咸甜甜的，有一种说不出的美味。

🏠 4F–EastYard–34 📞 03-5809-7560 🕘 10：00～21：00 @ http://www.ma-suya.net

▶ 盐屋销售许多雪盐点心。

4 FOCUS どんぐり共和国
橡实共和国

大家最爱的豆豆龙

　　这是动画大师宫崎骏的动画卡通人物专卖店，有《神隐少女》《魔法公主》《龙猫》《天空之城》等经典动画角色的周边商品，从毛巾、杯盘等日常用品，到文具用品及玩偶，女孩们可一次搜罗宫崎骏的动画商品，真是大满足！特别推荐动画设定集，内含场景与角色设定，重点是性价比超高，对爱画图的女孩来说便宜又实用，是来此一游的必买商品！

🏠 2F-EastYard-83　📞 03-5610-5299　🕙 10:00~21:00　◎ http://www.benelic.com/service/donguri.php

▲ 橡实共和国很卡通的看板与门面。
　　　餐盘 1只/ 3800日元。▶

▼ 超卡哇伊的生活杂货。

5 FOCUS プラザ
PLAZA

年轻少女的生活补给站

　　难得来一趟东京，一定要感受一下正统日系美妆的魅力。此外，喜欢梨花熊的女孩们也不能错过梨花熊的"晴空塔限定版周边商品"哟！

🏠 2F-EastYard-77　📞 03-5610-2642
🕙 10:00~21:00　◎ http://www.plazastyle.com

6 FOCUS ナノブロックストア
nanoblock store

令人玩心大开的迷你乐高

　　近年来中国相当流行迷你乐高，在这里也有专卖店。各国知名景点系列中，当然少不了晴空塔啦！店里还有一小块玩乐区。

🏠 4F-EastYard-20　📞 03-5610-5217　🕙 10:00~21:00　◎ http://www.diablock.co.jp/nanoblock

◀ 猜猜它是什么动物呢？

7 FOCUS メリファクチュリー
merrifactury彩绘饼干

快乐彩绘趣

　　祝福饼干专卖店，各式各样的祝福语都用糖霜写在饼干上面，呈现突出的立体感。从"生日快乐"、"结婚快乐"到"庆祝毕业"，缤纷的色彩及既有特色又别出心裁的设计，很适合多带几个回国送给亲朋好友。

🏠 2F-EastYard-49　📞 03-5610-3142　🕙 10:00~21:00　◎ http://www.merrifactury.com

少不了以晴空塔为主题的系列商品，精心设计的彩绘饼干让女孩们爱不释手。▶

045

元祖食物样品屋

相似度百分百的食物样品专卖店

这家创业超过80年的老字号食品样本公司，目前在食品样本界的市场占有率是日本第一。无论是美味的拉面、华丽的甜点还是精致的日式料理，每件都栩栩如生，让人食指大动。店里除了销售食品模型的周边商品外，更有DIY食品模型组，让女孩们能带回家享受自己做食品模型的乐趣。

🏠 4F-EastYard-39 📞 03-5809-7089 🕐 10:00~21:00 🌐 http://www.ganso-sample.com

非常有戏的萝卜，让女孩们不禁会心一笑。

京林屋

抹茶控女孩的天堂

1753年创立的这家茶铺，在京都相当有名，在全日本有14家分店销售各式抹茶制的点心，在晴空塔的"京はやしや"以外带点心为主，松软的蛋糕内馅搭配香气四溢的抹茶麻糬，让人吃出一种幸福的滋味。

🏠 2F-TowerYard-32 📞 03-5809-7227 🕐 10:00~21:00 🌐 http://www.kyo-hayashiya.com

▶ 拥有完美滑腻Q感的抹茶冻。

泡芙兄弟 patisserie-brothers

特别造型的方块泡芙

标榜健康的"泡芙兄弟"，最有特色的就是超大的立方体泡芙，除了有华丽的表面图案，内馅也有丰富的口味，绿茶、焦糖及鲜奶油都是人气口味。

🏠 2F-TowerYard-25 📞 03-5809-7326 🕐 10:00~21:00 🌐 http://www.patisserie-brothers.com

以动物纹路为构思的造型泡芙。▶

驮果子梦屋

怀旧的日式零食店

这是日本版的怀旧零食玩具店，说不定女孩们会在这里找到似曾相识的回忆！

🏠 4F-EastYard-46 📞 03-5610-2705 🕐 10:00~21:00 🌐 http://www.yumeya-jp.com/company/index.html

怀旧的日本饼干。▶

▼ 精致的凯蒂猫和服造型摆饰。

FOCUS 12 ハローキティ
Hello Kitty Japan

大小女孩无法抵抗的Kitty猫

　　一上晴空塔的4楼，映入眼帘的就是一只超大的和服Kitty猫，让女孩疯狂的无嘴猫咪 "Hello Kitty" 的晴空塔专卖店，里面有多到数不清的粉红色商品，让女孩们爱不释手，店内更推出晴空塔限定版本商品，是Kitty迷必来的朝圣商店！

🏠 4F-EastYard-18　📞 03-5610-2926　🕐 10:00~21:00　@ http://www.sanrio.co.jp

FOCUS 13 がっちゃら屋
东京下町杂货

怀旧复古的纪念品

充满立体感的卡片装饰品。▶

　　怀旧风商店里摆放着许多有趣的艺术设计品。乃村工艺社最初以承办展览活动、空间设计为主，旗下的设计师专门开发了许多艺术创意商品。

🏠 4F-EastYard-19　📞 03-5809-7286　🕐 10:00~21:00　@ http://www.nomuradevelopment.co.jp

FOCUS 14 アランジアロンゾ
阿朗基商品专卖店

淡定的河童先生

　　女孩们对于从大阪发迹的 "Aranzi Cafe" （阿朗基咖啡）应该都不陌生，里面的各个涂鸦角色都让女孩们为之疯狂！

🏠 4F-EastYard-14　📞 03-5610-2578　🕐 10:00~21:00　@ http://www.aranziaronzo.com

角色餐盘 1只/ 1000日元。

FOCUS 15 まかないこすめ
makanai 美妆品

高级的金箔保养品

　　品牌源自金泽市吉鹰金箔本铺，是为保养皮肤、克服高温环境所研发的和风保养品。吸油面纸使用后会浮现可爱的兔子图案。此处还销售晴空塔造型的商品。

🏠 4F-EastYard-31　📞 03-6456-1552　🕐 10:00~21:00　@ http://e-makanai.com

◀ 特别的吸油面纸，使用后会有意想不到的图案出现喔！

FOCUS 16 まめぐい
Mamegui

精致传统日式便当布

　　具有和风日式情调的方巾，在包便当的瞬间使午餐氛围变得豪华起来！

🏠 4F-EastYard-30　📞 03-5809-7200　🕐 10:00~21:00　@ http://www.mamegui.jp

⭐17 FOCUS センゴクダマ
战国魂天正记
寻找女孩们心中的战国英雄

战国魂天正记专卖日本战国时期武将的周边商品，无论是喜欢织田信长还是伊达政宗，女孩们都能在这找到自己心仪的英雄的商品，就连店员的造型也很有战国味。

🏠 4F-EastYard-38 📞 03-5809-7274 🕐 10:00~21:00 🌐 http://www.sengokudama.com

老板顶着战国武士头 ▶

⭐18 FOCUS 銀座のジンジャー
银座的GINGER
能喝又能作装饰的晴空塔造型果汁

标榜健康的姜汁饮料与各式果汁，在晴空塔有限定版晴空塔造型饮料，很适合带几瓶回国；色彩五彩缤纷，即使只是拿来当家中的摆饰也很时尚。

🏠 2F-TowerYard-42 📞 03-5610-2694 🕐 10:00~21:00 🌐 http://www.cep-shop.co.jp

晴空塔造型的饮料，好想买回家！▶

⭐19 FOCUS サマンサ モスモス
SM2 Keittio
舒适休闲的家居服

日本品牌Samansa Mos2旗下的副品牌，以优质又舒适的家居休闲服饰为主，强调快乐舒适的和平生活理念。

🏠 3F-TowerYard-25 📞 03-5610-3022 🕐 10:00~21:00 🌐 http://www.sm2.co.jp

采用透气材质制作，穿起来轻松舒适。

⭐20 FOCUS 東京ばな奈ツリー
东京 banana
没错！就是那可爱的香蕉蛋糕店

"东京ばな奈"是近年来女孩们来日本必买的伴手礼，至今仍是人气商品。除了大家熟知的饼干与香蕉蛋糕，晴空塔里现做的"小棕榈树"和"樱花千层"也很热卖！

🏠 1F-WestYard-3 📞 03-5610-2847 🕐 10:00~21:00 🌐 http://www.nenrin-ya.jp/littlebaumtree/index.html

热狗造型的千层蛋糕棒。

⭐21 FOCUS NHKキャラクター ショップ
NHK Character Shop
多摩君的老东家

NHK人物专卖店，陈列台内有许多人气角色的商品，如多摩君、噜噜米、笑笑羊等。

🏠 4F-WestYard-6 📞 03-5610-5450 🕐 10:00~21:00 🌐 http://www.nhk-character.com

▼ 多摩君系列商品。

超かわいい玩具いっぱい！

テレビ局公式ショップツリー ビレッジ

22 FOCUS
Tree Village

寻找电视台人气明星周边商品

　　这里集结了各家电视台的人气明星、动漫人物商品，如中国女孩也热爱的樱桃小丸子，还有红透半边天的《半泽直树》中的"倍返馒头"、《相棒》中的迷你铜锣烧及只有日本人才想得出来的稀奇古怪生活杂货，绝对会因为无法抗拒的可爱而把它们买进行李箱。

🏠 4F-WestYard-5 📞 03-5610-3181 🕐 09:00~21:00 @ http://tree-village.jp/in-dex.html

◀ 海贼王的恶魔果实巧克力，女孩们想拥有哪种能力呢？还有樱桃小丸子晴空塔限定饼干！

23 FOCUS
DISNEY
ディズニー

保证让女孩们掏钱包的危险地带

　　满坑满谷的迪士尼旗下商品，来到东京晴空街道绝不能错过的迪士尼专卖店！满足女孩们对迪士尼的热爱，各种官方正版的周边玩偶，在架上对你露出无辜的表情，怎能忍心不带一只回国？

🏠 3F-TowerYard-27 📞 03-3622-3932 🕐 10:00~21:00 @ http://www.disneystore.co.jp/shop/top.aspx

◀ 招牌米妮玩偶！

24 FOCUS
Mister donuts
ミスタードーナツ

超人气甜甜圈

　　女孩们对人气甜甜圈"Mister donuts"一定不陌生，来到晴空塔一定要到这家位于1楼的专卖店坐坐，整间店铺的墙上绘有人气角色的涂鸦，还能和店里的超大波堤狮公仔拍照，度过一个甜蜜的午后时光。

🏠 1F-WestYard-8 📞 03-5610-3172 🕐 08:00~21:00 @ http://www.misterdonut.jp

在店里招呼客人的超大招牌甜甜圈狮和让人无法拒绝的甜甜圈。▲

とうきょうスカイツリー
晴空塔绝佳摄影SPOT大公开

准备好相机与POSE，晴空塔绝佳拍摄景点大公开

　　该怎么拍晴空塔呢？想要将高大壮观的晴空塔收入镜头里吗？这里介绍数个拍摄的好地点，让女孩们从不同的角度欣赏晴空塔。有些地点的位置比较远，但花点时间走路仍很值得，既然来了这里，怎能不留下令人印象深刻的照片呢？

1. ふくじんばし
福神桥
东京都江户区龟户3-56-7福神桥　JR总武线龟户站步行6分钟

2. すみだこうえん
隅田公园
东京都台东区浅草7-1-22　东武SkyTree线、都营浅草线、东京Metro银座线浅草站步行5分钟

3. じっけんばし
十间桥
东京都墨田区业平5-15　十间桥　地铁浅草线、半藏门线或私铁京成押上线"押上站" B2 出口步行 5 分钟

4. あづまばし
吾妻桥
东京都墨田区吾妻桥　东武伊势崎线、东京Metro银座线、都营浅草线浅草站，在吾妻桥的西岸或是吾妻桥东岸500米左右的所吾妻桥站下车步行约5分钟

5. あづまばしかわぎし
吾妻桥河畔
东京都墨田区吾妻桥　东武伊势崎线、东京Metro银座线、都营浅草线浅草站，在吾妻桥的西岸或是吾妻桥东岸500米左右的所吾妻桥站下车步行约5分钟

6. まつやあさくさおくじょう
松屋浅草百货顶楼
东京都台东区花川户1-4-1　东京Metro银座线浅草站步行1分钟、都营浅草线浅草站步行3分钟或东武伊势崎线浅草站直达

步行者天国

逛街购物者的散步天堂

银座
4丁目
GINZA ST,

　　"步行者天国"就是行人步行区，是都市空间规划的一种。欧洲的城市文明高度发达，这样的空间常见于广场或市街，被称为"semi-pedestrian zone"。"步行者天国"来自日文，最早出现1950年的新宿及神町，是当时经济高度发展下交通道路转为步行者（行人）优先的结果。

　　说到逛街，光是橱窗里光鲜亮丽的高跟鞋与衣服就够让人目不转睛了，哪还有精神注意旁人或是车辆？为了提供最佳的购物空间，早在1970年，警视厅便开始在银座实施"步行者天国"的计划，顾名思义就是走路的人最大，车辆禁止通行，让民众可以在无车辆、无噪声、无空气污染的街道上自由自在地行走，享受逛街的喜悦。实施时间在周末与假日。除了银座之外，新宿、秋叶原区皆跟进实施。另有自行车业者相继效仿，在皇居周边封闭道路，供民众沿着皇居骑自行车，成为另类的步行者天国！

📍 P161D.B2　📞 03-3581-4321（代表号）　@ http://www.keishicho.metro.tokyo.jp/kotu/kisei/hoko.htm　❗ 警视厅交通规制课（规制第二系）

最佳的逛街时刻！

图片提供／刘耕宏

图片提供／刘耕宏

001
こうきょ・ほこうしゃてんごく

步行者天国【皇居外苑】

悠闲乐活时光自行车之旅.

乐活系女孩来到东京不能错过的就是这个自行车之旅！皇居周围的马路一到周日就会实行封路管理，并且提供民众免费的出租自行车，让女孩们在无车的大马路上尽情享受悠闲的骑车乐趣！

搭乘东京Metro千代田线到"二重桥前"车站下车，从2号出口上楼往前走，就能看到一片排队人潮的自行车出租站。自行车是免费提供的，只要用英文简单填写一下基本资料，再拿着单子去排队就能换到自行车了。现场有很多穿着制服的爷爷们会协助大家选择高度合适的车子，手续简单又快速！沿着规划的动线骑车，从祝田桥到平川门往返约3公里，沿途虽然禁止路边停车，也不能骑一半就进入皇居，但可以远远欣赏皇居的建筑风貌也是一种游玩方式。

皇居的步行者天国出租自行车类型丰富，从小朋友专用的自行车、普通单人车、适合情侣共骑的双人车到适合双亲载小婴儿的亲子车都有，女孩们不妨趁春秋时节天气凉爽之际，安排周日半天来皇居骑自行车，顺便带个便当在骑行结束后到草地野餐、乘凉，悠闲乐活地度过旅行时光！

📍P158A.A4 📞03-6409-6923，周一至周五（假日除外）10:00～17:00 🕐周日10:00～15:00 @ http://www.jbpi.or.jp/（进入网页点选パレスサイクリング）🚇东京Metro千代田线二重桥前站2号出口（步行3分钟），JR东京车站丸之内出口（步行15分钟）❗如遇下雨天可能停止出租自行车服务，请女孩们事先上网确认天气状况与营业公告

1 每种类型的自行车都有专属的排队队伍，虽然人龙很长，但自行车的流动率很大，实际上排队时间没有想象中的久。**2** 皇居外苑的二重桥。**3** 双人车最适合情侣租借。**4** 骑自行车沿途都能欣赏皇居建筑。**5** 皇居外围的草地，有许多家庭在此乘凉、野餐。

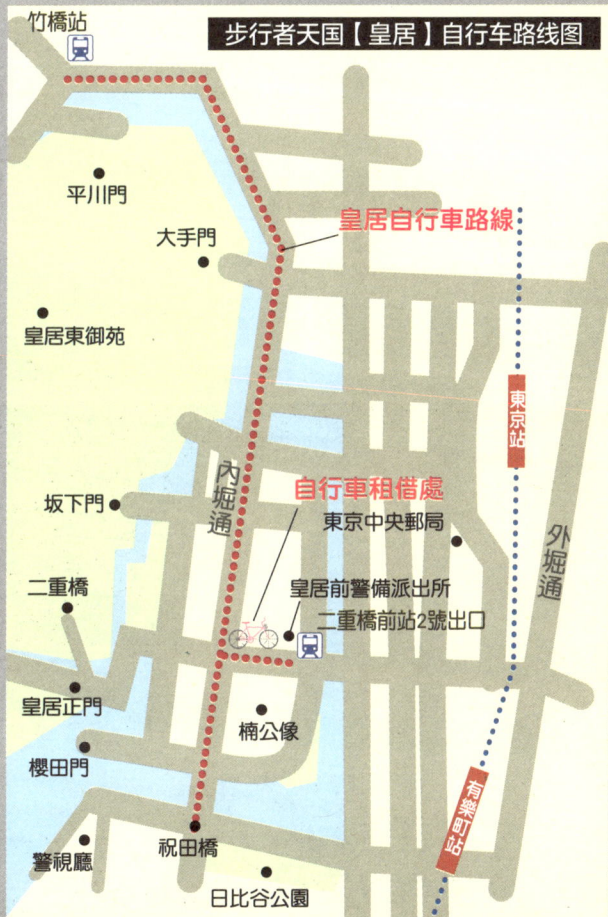

租借自行车 Q&A

- 租借地点：东京Metro千代田线"二重桥前"车站2号出口。
- 租借时间：周日：10:00～15:00（遇雨或有活动举办时暂停租借）
- 租借费用：免费。
- 使用时间：于租借时间内不限骑车时间
- 租借方法：在柜台领取"貸自転车申込書"，用英文简单填写基本资料，排队依序申请。若要续借，必须再次领取"貸自転车申込書"填写。
- 自行车选用方式：有幼儿及小朋友的专用自行车、普通单人车、协力车等约150辆。若不知如何选用，可向服务处咨询。
- 租借自行车注意事项
  1. 只能按指定路线行驶，不能行驶于指定路线以外的区域或进入皇居。
  2. 租借后骑乘一圈必须返还，若要续借，必须再次申请。
  3. 骑乘自行车时，禁止在路边停车或与他人交换骑乘。
  4. 租借者与还车者必须是同一人。
  5. 可携带自己的自行车进入，但规定同上列注意事项1、3。
  6. "步行者天国"时间结束后，解除禁行汽车的规定，故需注意行驶的车辆。

游客也bike！

步行者天国【皇居】自行车路线图

竹橋站

平川門

大手門

皇居東御苑

坂下門

二重橋

皇居正門

櫻田門

警視廳

祝田橋

日比谷公園

楠公像

皇居自行車路線

東京站

自行車租借處

東京中央郵局

皇居前警備派出所

二重橋前站2號出口

內堀通

外堀通

有樂町站

ぎんざ・ほこうしゃてんごく

步行者天国【银座】

流行系女孩的购物天堂

　　如同英国伦敦的牛津街(Oxford Street)，银座是东京有名的高级购物商圈，许多百货公司、精品店、餐厅等都在这里开有分店，女孩们若想疯狂血拼，除了新宿、涩谷，千万别忘了还有银座这个天堂。即使不想要荷包失血，还是要安排一个周末的下午时段来银座这边走走。银座步行者天国的范围从"银座通り"开始，沿着"中央通り"穿过"情海通り"，一直到银座八丁目，总共1.1公里的道路，完全禁止车辆通行，在路中间还摆放桌椅供人休息。原本为四道的双向道路，在周末假日变成了日本人的服装展示台，处处可见穿着时尚的行人。

1 创业已有145年的银座木村屋总本店。 **2** 白天的松屋银座外观。 **3** 文艺女孩必去景点——伊东屋文具店。 **4** 夜晚的银座多了灯光的装饰，气氛更佳。 **5** 银座有名的商场MIKIMOTO GINZA2。

步行者天国【银座】路线图

日比谷站　有樂町站　有樂橋
銀座一丁目站
LUMINE 有樂町店
銀座巴黎春天百貨
新京橋
東京寶塚劇場
松屋銀座
帝國大飯店　銀座站
秀樂町線
銀座西五丁目　和光百貨　銀座站　銀座東二丁目
銀座三越
銀座西六丁目　銀座東三丁目
銀座五丁目　中央通り　東銀座站
銀座六丁目　東銀座站
新橋一丁目　銀座東五丁目
資生堂銀座
銀座東八丁目　銀座東七丁目　采女橋
新橋一丁目站
蓬萊橋

★1 银座巴黎春天百货
PRINTEMPS GINZA

与法国巴黎百货公司"Printemps"的合作店，1984年于银座开业，为粉领族的采购大本营。知名平价日牌UNIQLO在6楼、7楼设立的女性概念店UNIQLO MARCHE，主打女性商品，品牌包括UNIQLO、g.u.、PLST，还有来自法国的COMPTOIR DES COTON-NIERS、PRINCESSE tamatam，是为女孩们必去血拼的地方之一。

📍 **P161D.A2** 东京都中央区银座3-2-1 📞 03-3567-0077 🕐 周一至周六11:00~21:00，周日11:00~20:00 @ www.printemps-ginza.co.jp 🚉 JR山手线有乐町站中央口步行4分钟，东京Metro有乐町线银座一丁目站4号出口步行2分钟，东京Metro丸之内线、银座线、日比谷线银座站C6、C8、C9出口步行2分钟

1 g.u.购物袋。**2** 看到熟悉的UNIQLO，就知道是春天百货了。

★2 LUMINE 有乐町店
ルミネ有楽町店

Lumine隶属JR东日本集团旗下的子公司，是专门设立在车站附近的百货公司，以25~30岁的女性顾客为主，为追求时尚流行的女孩的首选百货。大家最常去的便是1976年开业的第一家店——新宿店，它是日本流行美眉的大型衣柜。之后陆续开了许多分店，2011年终于在银座区开设了两馆相连的有乐町分店。

📍 **P158A.B5** 🏠 东京都千代田区有乐町2-5-1 📞 03-6268-0730 🕐 商店平日11:00~21:30 / 星期六日&假日11:00~21:00，餐厅全日11:00~23:00 @ www.lumine.ne.jp/yuraku-cho/index.html 🚉 JR山手线有乐町站银座口步行1分钟，东京Metro丸之内线、银座线、日比谷线银座站A0出口及东京Metro有乐町线有乐町站D7出口步行3分钟

1 在LUMINE内也有CD、VCD专卖店。**2** LUMINE百货公司外观。

★3 松屋银座
MATSUYA GINZA

白天其为纯白色的玻璃外观，夜晚摇身一变为色彩绚丽的灯光墙。1925年开业。在这里女孩们可以找到许多国际奢侈名品，例如LOU-IS VUITTON、CHRISTIAN DIOR、FENDU。LOUIS VUITTON在此设立了最大的、共3层楼的旗舰店。光是欣赏美丽的外墙设计，就已值回票价了。有趣的是，顶楼设有小型的高尔夫球练习场。

📍 **P161D.B2** 🏠 东京都中央区银座3-6-1 📞 03-3567-1211 🕐 10:00~20:00（8楼食城 11:00~22:00）@ http://www.matsuya.com 🚉 东京Metro银座线、丸之内线、日比谷线银座站A12号出口，东京Metro有乐町线银座一丁目站9号出口步行3分钟，都营浅草线东银座站A8号出口步行3分钟，JR山手线有乐町站银座或中央出口步行8分钟

1 松屋银座外观。

4 SHISEIDO THE GINZA
资生堂银座

2011年5月开业，是为女性专门打造的3层楼美丽殿堂。1楼为BEAUTY MARCHE，摆放资生堂的各款化妆品，其中有个如童话般神奇的梦幻魔法镜，站在镜子前面，只要点选喜欢的颜色，就可从镜子中看到自己上妆的样貌；2楼的BIHADA LOUNGE，有会讲中文的美容顾问提供肤质诊断。到了最奢华的3楼，是全世界唯一可试用顶级品牌"CLÉ DE PEAU BEAUTÉ"的所有商品的地方，如果女孩们有额外的预算，不妨来这里体验如女王般的奢华护理。

P161D.A2 东京都中央区银座7-8-10 03-3571-7735 11:00～20:00不定休 http://stg.shiseido.co.jp 东京Metro银座线、丸之内线、日比谷线银座站A2出口步行7分钟，JR山手线、东京Metro银座线新桥站3号出口步行5分钟

1 资生堂Parlour的餐点。2 位于资生堂银座4楼的资生堂Parlour餐厅。3 在这里可以找到资生堂所有的系列商品。

图片提供／朱尼

图片提供／朱尼

5 MITSUKOSHI GINZA
银座三越

看到"三越"二字，想必女孩们都不陌生吧？三越百货是日本著名的大型百货之一，与伊势丹百货为同一集团。美食系女孩请注意，这里的2楼有你们必去的战区，那就是法国马卡龙LADUREE下午茶喔！

P161D.B2 东京都中央区银座4-6-16 03-3562-1111 商店10:30～20:00，餐厅11:00～23:00 mitsukoshi.mistore.jp/store/ginza/index.html 东京Metro银座线、丸之内线、日比谷线银座站，东京Metro有乐町线银座一丁目站9号出口步行5分钟，JR山手线有乐町站银座或中央出口步行9分钟

1 位于十字路口的银座三越，地点极佳。2 女孩们看到这招牌就不自觉分泌口水了吧？

1

6 WAKO
和光百货

和光百货本馆位于银座的中心地带，又被称为"银座和光"。百年来它在传统中追求最高品质，成为让人信赖的"和光精神"。和光专卖钟表及珠宝的自有品牌"SEIKO"、各种高质感的瓷器与配件等，也常吸引政商名流前来购物。位于6楼的"和光HALL"，每月都举办文艺展览，特别适合文艺系女孩前来朝圣呦！

P161D.B2 东京都中央区银座4-5-11 03-3562-2111 10:30～19:00 www.wako.co.jp 东京Metro银座线、丸之内线、日比谷线银座站B1出口，东京Metro有乐町线银座一丁目站9号出口步行4分钟

1 与银座三越相对的和光百货。

寻找当时感动的罗曼蒂克场景。

SPOT 6 SCENES OF JAPANESE DRAMA

日剧场景

在浪漫的日剧场景中，邂逅专属于你的男主角

　　日剧种类繁多，无论是校园恋爱剧《流星花园》、描述职场阴谋的《半泽直树》、表现热血青春的《极道鲜师》还是《最后的灰姑娘》的浪漫姐弟恋，女孩们对日剧的类型总是各有所好，盯着屏幕看得痛哭流涕或是捧腹大笑，这些反应是不是女孩们熟悉的景象呢？来到日本，你一定得走走这些日剧中的场景，实地感受一下日剧中的那些浪漫与唯美氛围！

001
じんぐうがいえんイチョウなみき

《Anego》神宫外苑银杏并木道

新人与大姐的公司恋爱录

　　美丽的神宫外苑银杏并木道，是女主角奈央子（筱原凉子饰）与明彦（赤西仁饰）第一次约会的地点。长长的步道两旁种满银杏，春季绿意盎然、秋季漫天金黄，是情侣约会与自拍美照的必到景点！在这里拍摄的还有其他许多知名日剧，如《大和拜金女》《鱼干女又怎样》《美丽人生》等。

P162G,A1 🏠 东京都港区北青山一丁目（实际地点：神宫外苑银杏并木道）🚃 东京Metro银座线青山一丁目站北青山口

1 神宫外苑银杏并木道的"里程碑"。**2** 漫步在浪漫的绿色隧道中，感受最美的气氛。

002
ラ・ビュット・ボワゼ

《王牌大律师》古美门之家

胜利即是正义

　　2012年拍摄的以法律为题材的讽刺搞笑剧，由堺雅人饰演辩才无碍又毒舌的古美门律师。剧里最常出现的场景便是古美门的结合欧洲风格与日式庭院的家，而这里其实是一家高级的法国餐厅喔！庭园里除了有树龄超过50年的樱花树之外，还有梅花、橘树等各式各样的植物，不论是追剧族的流行系女孩，还是喜爱宁静的文艺系女孩，一定都会喜欢边吃法式料理边感受眼前美景的浪漫氛围。

La butte boisée ♦P163I.A2 ⌂东京都世田谷区奥泽6-19-6 ☎03-3703-3355 ⏰午餐12:00~14:00（最后点餐）/ 晚餐18:00~21:00（最后点餐）💰午餐4200日元以上；晚餐8200日元以上（含税，需另付10%服务费）🚇东急东横线、东急大井町线自由之丘站步行10分钟，东急大井町线九品仏站步行8分钟

对付负心汉，女孩们也要加倍奉还！

003
こうなんこうえん

《贫穷贵公子》港南公园

冲突感十足的青春喜剧

　　在《贫穷贵公子》第9集中，太郎（二宫和也饰）与托也（樱井翔饰）谈话的地方。喜欢杰尼斯偶像团体"岚"的女孩们，不妨也来这两位偶像在剧中待过的地方，感受一下偶像当时的视线吧！其他如稻垣吾郎主演的《爱上恐龙妹》、松本润主演的《料理新人王》也在港南公园拍摄过呢！

♦P162G.B3 ⌂东京都港区港南四丁目（实际地点：港南公园）🚇JR山手线~品川站港南口，步行约15分钟（近乐水桥）

1 眺望港南景色。旁边是天王洲桥。

004
しながわインターシティ

《怪兽家长》
城山法律事务所

突破人性心防的攻守战

　　优秀与美貌兼具的律师高村季树（米仓凉子饰），她所属的城山法律事务所就位于此处。结合了商店街、大型公司、餐厅与住宅的品川INTERCITY，是品川再开发地区计划的重点项目。

♦P162G.B3 ⌂东京都港区港南二丁目（实际地点：品川INTERCITY）🚇JR山手线品川站东口，步行约5分钟

1 在日剧《怪兽家长》中出现的"城山法律事务所"。

《流星花园》惠比寿花园广场

梦幻的灰姑娘与王子的故事

　　惠比寿花园广场在《流星花园》系列中可说是相当重要的场景，无论是第一部还是第二部，道明寺司（松本润饰）和牧野杉菜（井上真央饰）都有在这里的约会戏码，甚至在《流星花园》电影版中，这里也是两人结婚行礼的场所。

📍P160 C.C5 🏠东京都涩谷区惠比寿4-20-3 🚃JR山手线惠比寿站东口步行约10分钟，东京Metro日比谷线惠比寿站1号出口步行约15分钟

1️⃣ 道明寺与杉菜重要的定情之地。

《最后的灰姑娘》片头的华丽教堂

城市爱情物语

　　坐落在潮流胜地表参道的圣格蕾丝大教堂，是日剧《最后的灰姑娘》每集片头都会出现的重点场景，欧式华丽的建筑风格相当受年轻人的欢迎，是知名的结婚场地。在日剧《生命最后一个月的花嫁》中，太郎与千惠也是在这里结婚的。

📍P162 G.A1 🏠东京都港区北青山3-9-14（实际地点：圣格蕾丝大教堂）📞03-3562-2111 🌐http://www.bestbridal.co.jp/tokyo/stgrace_aoyama/ 🚃东京Metro千代田线、半藏门线、银座线表参道站A1出口左转步行3分钟

1️⃣ 片头的重点场景"圣格蕾丝大教堂"。

《池袋西口公园》主场景

青少年的内心世界

　　TBS在2000年推出的这部日剧，除了在当时蔚然成风外，也是日剧的经典作品之一。当时参与演出的有长濑智也、窪冢洋介、山下智久、加藤爱、妻夫木聪、渡边谦、坂口宪二、小雪和小栗旬等人。有些演员在当时还是名不见经传的跑龙套角色，现在该剧已成了难得众星云集的大制作呢！在这里拍摄的还有《极道鲜师》《流星花园》等经典人气日剧。

📍P163 L.A1 🏠东京都丰岛区西池袋1-8-26 🚃JR山手线池袋站西口步行1分钟，东京Metro丸之内线、有乐町线池袋站

位于池袋西口公园的中央水池。▶

1️⃣ 日剧《半泽直树》中的东京中央银行。
2️⃣ 在东京车站一番街销售的"加倍奉还"（倍返し）馒头。

《半泽直树》东京中央银行东京本店

绝对要加倍奉还！

　　2013年由TBS电视台推出的这部职场日剧，改编自池井户润的小说，叙述一名融资课长半泽直树（堺雅人饰）因听从支店长的指示却背负黑锅，面临即将被调职的处分，为了尊严，他决心对抗银行内外的敌人。半泽的角色十分贴近现今上班族的心境，因此电视剧一播出便造成轰动，半泽的经典名言"我相信人性本善，但人若犯我，我必定加倍奉还"也成为时下最流行的话语。崇拜半泽的流行系女孩们，不妨到现场想象一下半泽"小虾米"对抗"大鲸鱼"的气魄吧！

中央三井信托银行 📍P161 D.C1 🏠东京都中央区日本桥室町2-1 🚃东京Metro半藏门线-三越前站A5出口步行1分钟

CULTURAL TOKYO

文艺东京

ごきげんよう。

艺术气息是反映一个城市进步与否的重要指标之一，漫步在六本木的艺术金三角，国内外艺术名家精心设计的公共艺术品就这么静静地融入市民的生活。放慢脚步，走进古典与现代风格兼具的美术馆，坐下来，在充满文艺特色的咖啡店里喝杯下午茶，你可以逛逛文具店，然后买支画笔买本素描本，创作属于你的东京涂鸦。

Q·POT CAFE.

徒然草

CULTURAL TOKYO

- [ ] **Spot 1** 漫步文艺六本木，女性魅力指数UP

  艺术金三角 Golden Triangle of Art

- [ ] **Spot 2** 造访质感咖啡店，展现优雅轻熟女气质

  轻熟女午茶 Elegant Afternoon Tea

- [ ] **Spot 3** 回到童真的美好，寻回你的少女心

  少女咖啡 Kawaii Afternoon Tea

- [ ] **Spot 4** 文艺系女孩必败圣殿

  东京文具 Stationery Store

- [ ] **Spot 5** 采购时光，增添女孩可爱气息的小物们

  东京杂货 Sundry Goods

来到这里感觉都变得有气质了。

SPOT 1 GOLDEN TRIANGLE OF ART

艺术金三角

漫步文艺六本木，女性魅力指数UP

　　第二次世界大战后，美军接收了六本木一带的军事设施，此区逐渐变为外国人的聚集地。近10年来，经日本政府重新规划开发，2003年森美术馆开馆、2007年国立新美术馆与东京中城（Midtown）相继完工，六本木艺术金三角俨然成形，让原本以夜生活闻名的六本木呈现了崭新的文化面貌，跃身为东京现代艺术生活的商圈！

001
サントリー美術館

三得利美术馆

融合与开创日本传统之美

　　三得利美术馆收藏了上千件绘画、陶瓷器、玻璃品等国宝级文物，女孩们可以在这里欣赏到日本的传统艺术品。这里和KITTE一样同由日本知名建筑师隈研吾设计，相较国立新美术馆的现代建筑美学，这里运用和纸与桐木素材，搭配温暖的黄色光源，展现了日本传统和室的温柔婉约之美。

1 P162G.B1 　东京都港区赤坂9-7-4ガレルア3F 　03-3479-8600 　10:00～18:00（周五、周六至20:00），周二休馆 @ http://www.suntory.co.jp/sma 　都营地铁江户线六本木站，8号出口（直通美术馆），东京Metro日比谷线六本木站（直通美术馆），东京Merto千代田线乃木坂站3号出口步行3分钟

1 **2** 三得利美术馆隐身在ガレルア的3楼，这里经常举办各种展览。

062

002

もりびじゅつかん

森美术馆

将艺术融入生活

它位于六本木新城森大楼的53楼，为日本最高的展览空间。以"艺术与生活"为宗旨，大力推广现代艺术，时常与世界各地的美术馆、博物馆等艺术机构合作，邀请各地的艺术家设展，包括了绘画、雕刻、建筑、时尚、装置艺术……展览主题广泛。而位于52楼的展望台，可以360度地欣赏东京美景。若喜欢艺术又偏爱夜景的女孩们，在这里可鱼与熊掌兼得，一次实现。

📍 P162G.B1 🏠 东京都港区六本木6-10-1六本木ヒルズ森タワー53F ☎ 03-5700-8600
🕙 10:00～22:00(周二至17:00) @ http://www.mori.art.museum 🚇 东京Metro日比谷线六本木站、都营地铁大江户线六本木站步行4分钟，都营地铁大江户线麻布十番站步行5分钟

1 森美术馆的纪念品。**2** 森美术馆与展望台为同一个入口。

003

こくりつしんびじゅつかん

国立新美术馆

东京现代建筑美学

国立新美术馆是日本目前楼地板面积最大的美术馆。以森林里的美术馆为构想，建筑外观仿若风吹后的流动曲线设计，利用玻璃引入自然光，让馆内24小时皆呈现不同的风貌。大厅两座挑高三层的水泥圆锥体与温暖色系的木头地板相辅相成，展场动线流畅开放，给人毫无压迫的惬意感，仿佛进入时间静止的艺术空间！

📍 P162G.A1 🏠 东京都港区六本木7-22-2 ☎ 03-3405-2531 🕙 10:00～18:00(17:30停止入场)；周二休馆；展览期间每周五开放至20:00(19:30停止入场) @ http://www.nact.jp 🚇 东京Metro千代田线乃木坂站6号出口(直通美术馆)、东京Metro日比谷线六本木站4a出口步行5分钟，都营地铁大江户线六本木站7号出口步行4分钟，坂站3号出口步行3分钟

1 1楼休息区，由玻璃引入自然光。**2** 两个圆锥体上方分别为米其林餐厅与咖啡厅。**3** 馆内昂然矗立的水泥圆锥体。

特别文艺景点

Tokyo Wonder Site艺术展览空间

2000年日本经济泡沫化，艺术家无法获得政府的补助与支援，苦无发展空间。当时的艺术家向市长提出了一项艺术规划，从一道墙开始，逐渐演变为现今的Tokyo Wonder Site(TWS)，成为艺术家们交流的平台。TWS的主要宗旨在于对年轻艺术家的发掘与育成，使东京成为与亚洲、世界艺术接轨的平台，展现东京独有的城市艺术、文化与多样性，进而散发城市的活力与魅力。

★ FOCUS

可在六本木Hills的旅游服务柜台领取这张公共艺术地图，接着就按图寻宝吧！

六本木街头公共艺术

蔷薇
ママン
守護石
高山流水
雨に消える椅子
愛だけを…
パーク.ベンチ
アーチ　波紋
ロボロボロボ

来看看这些融入市民生活的艺术品。

街头
公共艺术

六本木艺术城走走，
给你不花钱的奢侈浪漫

六本木艺术金三角　P162G.B1　日本国东京都港区六本木6-10-1（六本木Hills周边）　00:00～24:00　http://www.roppongi-hills.com/facilities/publicart_design　东京Metro日比谷线六本木站1C出口步行0分钟（中央大厅直达），都营地铁大江户线六本木站3号出口步行4分钟，东京Metro南北线麻布十番站4号出口步行8分钟，东京Metro千代田线乃木坂站5号出口步行10分钟

漫步在浪漫的六本木街头，在这个号称"六本木艺术金三角"的地区，即使在美术馆之外，女孩们也能时时刻刻感受到艺术与美感弥漫在每个角落。在六本木Hills周围散落着各式各样的街头公共艺术它们的创作者是来自世界各地的艺术大师，特别适合文艺系及乐活系女孩前来朝圣！

1 FOCUS

作者：Louise Bourgeois

ママン

蛊立在六本木Hills前的长脚蜘蛛，是非常醒目的大地标，由法裔美籍的当代艺术家Louise Bourgeois创作。蜘蛛对她而言隐含着母亲形象，因为她认为母亲"如蜘蛛般聪明、有耐心、干净、有用"。Louise Bourgeois在2010年过世，享年98岁，但她留下的作品将一直印在人们心中。

2 FOCUS

作者：崔正化

ロボロボロボ

在さくら坂公园周边有许多彩色的小机器人，其中以这座44个机器人堆叠起来的塔最吸引眼球。每当夜幕低垂时，小机器人胸前的灯还会发光呢！作者崔正化是韩国当代艺术家，与村上隆一起被国际当代艺术界称为"把消费和文化巧妙结合的艺术教父"，可说是艺术界的重量级的人物。

3 FOCUS

作者：Martin Puryear

守护石

Martin Puryear是一位非裔美籍艺术家，他惯用的创作素材包含木材、石材、电线等。"守护石"由黑御影石雕塑而成，虽然样式和材料都很简单，但不规则的形状酝酿出多种面貌，从每个角度观赏都会有不同的感受，有一种纯粹之美。

4 FOCUS

作者：Isa Genzken

蔷薇

Isa Genzken是一名德国艺术家，除了装置艺术外，她对摄影、电影等影像化的艺术创作也相当擅长。巨型作品"蔷薇"在蓝天白云背景的衬托下，显得娇艳动人。1933年在德国展出的"蔷薇"，于2003年移到日本东京，正式成为六本木街头公共艺术的一环。

5 FOCUS

作者：蔡国强

高山流水——立体山水画

蔡国强出生于中国福建，现居美国纽约，是国际知名的爆破与装置艺术家。虽然他的作品时常因为中心思想的改变而引发争议，但艺术品本身的美在国际上都获得了高度认同。其作品体现出他受到中华传统文化熏陶的背景。

065

FOCUS 6 作者：伊东丰雄
波纹

"波纹"这一作品的概念来自森林中的水洼，仿佛整个城市就是一座森林，而这一小块地区就是水池，上面有风吹动掀起的涟漪。作者伊东丰雄是日本当代建筑师，多次获得国际级的奖项，他参与过许多后现代建筑的设计。

FOCUS 8 作者：吉冈德仁
雨に消える椅子

在国际级设计大赛中屡次获奖的吉冈德仁，是一名相当年轻的艺术家，他的作品多半以简约的灰白色调、搭配复杂的造型层次，呈现一种极为利落而华美的视觉感。这件作品，以冰块般的质感创作出半透明的椅子，下雨的时候，这张椅子仿佛也会因为太过透明而消失在雨中。

FOCUS 7 作者：Andrea Branzi
アーチ

在步道与车道之间，重新呈现室内空间的装置艺术，白色的装饰让过的人们都不自觉地停下脚步欣赏。以"后现代主义"与"反设计"为概念的意大利知名艺术家Andrea Branzi，是建筑师也是设计师。所谓的"反设计"不全然只是字面上的意思，相对的是一种回归朴实与生活形态的概念。

寻找街头艺术的途中不妨也来这些地方晃晃。

周边顺游

1. 朝日电视台

朝日电视台大楼提供免费参观，1楼大厅就有许多动画（包含"哆啦A梦"与"蜡笔小新"）的宣传材料，还有人气节目与日剧的广告，并设有朝日电视台专卖店，可以尽情采购周边商品。

图片提供／刘耕宏

▲ 朝日电视台的专属餐厅，或许在这儿可遇到大明星。

◀ 电视台内设有《哆啦A梦》的场景，供游客拍照留念。

图片提供／刘耕宏

9 FOCUS

作者: Jasper Morrison

パーク・ベンチ

Jasper Morrison是英国皇家工业设计师, 也是现今在全球最具影响力的工业设计师之一。他的设计宗旨以"实用、美观"为主, 这也体现在这件作品上。单纯经过, 你甚至不会觉得这张长椅是件公共艺术品, 因为它是如此贴近生活并且实用。不过仔细欣赏就会发现, 这张与环境相互呼应的椅子, 实实在在就是件漂亮的艺术品。

10 FOCUS

作者: 内田繁

爱だけを…

以爵士乐为构想的形态设计, 仿佛是在城市街道流泻的音符。其作者内田繁是日本知名的艺术家, 曾获得各种艺术奖项。内田繁是一流的专科学校"桑泽设计研究所"的所长, 桑泽设计研究所在日本的艺术学界具有数一数二的地位。

2. 毛利庭园

以水池为中心的毛利庭园就在朝日电视台外, 散步其中能感受潺潺流水与草木的四季变化, 洄游式的日本庭园在大都市中别有一番风情。

▲ 六本木Hills与森美术馆的10周年纪念创作, 位于毛利庭园水池旁。

3. 眺望东京铁塔

站在装置艺术品"蔷薇"的旁边, 能不受遮蔽地远眺东京铁塔。

4. ARENA CAFE (アリーナ カフェ)

アリーナカフェ (ARENA CAFE) 位于六本木之丘的地下二楼, 在朝日电视台的正门口。两旁即是大片的绿地及庭园, 景色十分漂亮。这家店除了一般的水果冰品口味可丽饼外, 还有值得推荐的"轻食派可丽饼", 像熏鲑鱼与起司的结合, 再加上些许洋葱的创意可丽饼, 以及用酪梨、鲜虾和生菜做成的生菜沙拉可丽饼, 与六本木的高贵气质都十分合拍。

图片提供/刘群宏

东京中城 Tokyo Midtown

年轻情侣最想居住的艺术社区

东京中城(Tokyo Midtown)位于六本木,于2007年开业,是一个结合了6座大楼的复合型都市开发计划区,其中有商店、餐厅、办公室、饭店、美术馆等,为日本近年来规模最大的都市开发项目。许多企业的总部也在这里扎根,例如雅虎日本、富士胶片。除了建筑物本身外,周围还规划了许多舒适宽大的绿地与公园,植物种类多达100种以上,绿意十足的环境缓解了东京人忙碌紧张的压迫感。

为了提倡新型的都市生活,除了与自然共存的概念外,东京中城亦提倡艺术生活,因此这里集结了许多艺术家为东京中城所设计的艺术作品。东京中城里的艺术作品是由两名专业的艺术指导清水敏男与法国人让·修伯特·马丁（Jean Hubert Martin）共同策划的,希望通过世界各地的艺术,为东京中城打造艺术庭院,传达将艺术融入生活的新都市概念。在逛街之余,女孩们不妨停下脚步,随时留意身旁可能会出现的艺术品。想要更深入地了解每个艺术作品,还可以到服务处登记获取中文的语音导览喔!

📍 P162G.B1 🏠 东京都港区赤坂9-7-1 📞 03-3475-3100(10:00～21:00) 🛍 商店11:00～21:00、餐厅11:00～24:00 @ http://www.tokyo-midtown.com 🚇 东京Metro日比谷线六本木站地下道路直达,都营地铁大江户线六本木站8号出口直达,东京Metro千代田线乃木坂站3号出口步行3分钟

提升艺术涵养是女孩必备的功课。

1 建筑内部的天井采光充足。**2** 意大利艺术家Tony Cragg的作品"狂热",由椭圆形的横切面所构成,在欣赏时,移动观看的角度隐隐约约还可以看到人脸喔!**3** 放眼望去一片绿意盎然的东京中城。**4** 高须贺昌志的作品"SANJIN 山神",是为儿童设计的滑梯,灵感来自凸字形。**5** 户外绿地广场。**6** 与地铁出口相连接的中庭。

SPOT 2 ELEGANT AFTERNOON TEA

轻熟女午茶

造访质感咖啡店，展现优雅轻熟女气质

　　樱花飞舞的春；绿荫盎然的夏；枫红洒落的秋；白雪漫天的冬。无论哪个时节，轻熟女们来到东京旅行，除了逛街血拼买名牌外，都应该在紧凑的行程中安排一个悠闲的下午茶时光，体验东京贵妇们惬意优雅的生活。从欧洲国宴级创意甜点、健康系番茄蛋糕、梦幻苹果派、经典舒芙蕾到新鲜水果千层，这个午后，你想选择哪一种优雅滋味？

来趟贵妇般的下午茶之旅。

001
ハーブス

HARBS（六本木ヒルズ店）

六本木艺术城中的绝佳水果千层

　　HARBS目前在日本有29家分店，仅在东京都就有8家，是许多来东京游玩的女孩们的必访之店。HARBS以新鲜水果蛋糕闻名，其中的招牌为"ミルクレープ"（Mille crepes），以可丽饼皮包裹而成的蛋糕，甜美的鲜奶油层层夹着草莓、奇异果、橘子、香蕉等新鲜水果，吃一口就是满嘴幸福！

🚇 P162 G.B1　🏠 东京都港区六本木6-10-2ヒルサイド1F　📞 03-5772-6191　🕚 11:00~22:00（L.O. 最晚点餐时间21:30）　💴 800~1500日元　📧 http://www.harbs.co.jp/harbs　🚃 东京Metro日比谷线六本木站1C出口地下通道直达，都营地铁大江户线六本木站3号出口步行约4分钟，都营地铁大江户线麻布十番站7号出口步行约5分钟，东京Metro南北线麻布十番站4号出口步行约8分钟

1️⃣ 3️⃣ 幸福的HARBS下午茶茶点。2️⃣ 店内的招牌点心Mille crepes，780日元。

002
マツノスケニューヨク

MATSUNOSUKE N.Y 松之助

梦幻苹果派，征服轻熟女的味蕾

　　主厨平野顕子出生于京都，在美国东北部求学时开始学习传统糕点制作，归国后在老家京都与东京开设蛋糕教室与甜点专卖店，并且出版了多本甜点制作书籍，相当受主妇们的喜爱。东京的"松之助"位于代官山鸢屋书店斜对面，特别适合文艺系女孩在看逛完书店后顺道来这儿喝杯茶、吃个点心。店内最经典的甜点，是曾在美国佛蒙特州的苹果派比赛中获胜的苹果派。一反一般苹果派吃起来黏稠的口感，"松之助"的苹果派口感扎实、内馅分明而且不甜不腻，入口后有一种高雅的梦幻质感！平野顕子不仅在日本开业，在纽约也拥有一家分店，无论东西方都为这经典苹果派而疯狂！

📍 P160C.B5　🏠 东京都涩谷区猿乐町29-9ヒルサイドテラスD-11　📞 03-5728-3868　🕐 9:00~19:00，早餐9:00~11:00，午餐12:00~14:00（松饼类L.O.17:00）　¥ 500~1000日元　@ http://www.matsunosukepie.com　🚃 东急东横线代官山站，步行约4分钟

1 扎实又不甜腻的苹果派。**2** 座位区旁边就是半开放式的厨房。

003
トシヨロイヅカ

Toshi Yoroizuka Mid Town

欧洲国宴级甜点大师"铠冢俊彦"

　　"Toshi Yoroizuka"位于六本木东京中城的精华区，店名就是以大厨铠冢俊彦的名字命名的。铠冢俊彦曾在比利时担任三星米其林法国餐厅Bruneau的甜点主厨，10年前返日本发展个人的创意甜点事业，至今一直都是人气甜点品牌。店内座位不多，像铁板烧式的吧台概念在甜点界相当少见。主厨当场在顾客面前制作整道甜点，从内馅、配色到装置风格，独一无二的创意让人赞不绝口。

📍 P162G.B1　🏠 东京都港区赤坂9-7-2东京ミッドタウン・イースト1F　📞 03-5413-3650　🕐 shop 11:00~21:00 / salon 11:00~22:00（L.O.21:00）※周二外带不营业　¥ 1100~1350日元　@ http://www.grand-patissier.info/ToshiYoroizuka/　🚃 都营地铁大江户线六本木站下车，8号出口步行2分钟 / 东京Metro千代田线乃木坂站，步行3分钟

欧洲国宴级的甜点怎能不来吃？

1 餐前附赠的创意南瓜汤。**2** 点心现点现做，主厨的技巧极为熟练。**3** Assiette Ecuador，1240日元（含税）。**4** 可外带的覆盆莓慕斯蛋糕，540日元。

004

Le Souffle

融化轻熟女之心的冷热绝配舒芙蕾

　　位于自由之丘的"甜点之森"恰如其名，就像一座甜点森林，里面有许多家各式各样的甜点专卖店，可说是专为女孩们存在的甜点天堂，其中最广为人知的就是这家"Le Souffle"。有"舒芙蕾之神"称号的主厨永井春男在法国各地学艺，回到日本后就在东京开设舒芙蕾专卖店，坚持只做最好吃的舒芙蕾，至今已走过四分之一个世纪。"Le Souffle"的舒芙蕾现点现做，需要等上20～30分钟，但是当热腾腾的舒芙蕾与冰凉的酱汁上桌时，你就会发现一切等待都是值得的！

🗺 P163J.A2 🏠 东京都目黑区绿が丘2-25-7ラ·クール自由が丘2楼 ☎ 03-5731-6600 ⏰ 10：00～20：00 (L.0.19:00) ¥ 1000～1500日元 @ http://www.sweets-forest.com/sou.php 🚃 东急东横线、大井町线自由が丘站南口步行约5分钟

1 用汤匙把热腾腾的松糕挖开，再倒入冷的巧克力酱。**2** 漫步在"甜点之森"里，处处都有浪漫的氛围。**3** Le Souffle店内空间不大，有一种欧洲小屋的感觉。**4** 甜点之森2楼入口处。**5** 巧克力口味Chocolate Souffle，1050日元。

005

Patisserie Potager

健康系甜点名店，吃出好气色

　　位于中目黑区的"Patisserie Potager"，是最适合轻熟女在中目黑逛街之后坐下来小歇一会儿的好地方。拥有亲切笑容的美女主厨柿沢安耶曾前往法国学艺，归国之后她首创将健康野菜与法式甜点融合，主打"美味、健康"的中心思想，深深打动了女孩们的心与胃。店内人气商品包括"番茄小松菜蛋糕""红萝卜巧克力塔""甜椒慕斯"等，兼具低热量与健康的全新吃法，绝配的口味马上颠覆你的味觉与视觉神经！

🗺 P163J.B1 🏠 东京都目黑区上目黑2-44-9 ☎ 03-6279-7753 ⏰ 10:00～20:00 (年中无休) ¥ 370～700日元 @ http://www.po-tager-marche.jp 🚃 东急东横线、东京Metro日比谷线中目黑站步行约5分钟

1 手工饼干与小礼盒很适合买回去送给亲友。**2** 招牌的小松菜番茄蛋糕，470日元。

图片提供／刘耕宏

图片提供／刘耕宏

图片提供／刘耕宏

图片提供／刘耕宏

边喝咖啡边涂鸦最棒了。

SPOT 3 KAWAII AFTERNOON TEA

少女咖啡

回到童真的美好，寻回你的少女心

来到充满美食与甜点的东京，怎么能错过女孩旅行时必备的下午茶时光？爱做梦、爱幻想、爱涂鸦的女孩们，想感受置身于童话故事中的美好体验吗？一起进入HATTIFNATT与森林动物们做朋友、跑进牧民谷让噜噜咪的大型玩偶疗愈女孩们的心，或者坐进如同"霍尔的移动城堡"般的cafe LA BOHEME。这些带有童话般梦幻感的咖啡店，绝对能让女孩在疲劳的逛街行程之后恢复体力与精神！

001
フランフランカフェ

Francfranc Cafe

涩谷恬静的小角落

以生活杂货为主的Francfranc，在涩谷分店的楼下开设了咖啡店，虽然仅有20多个座位的空间，却反而给人如家一般的温馨感。相对于涩谷人来人往的街道，这里十分安静与惬意。店内使用自家品牌的餐具，价格也十分亲民，大多在500日元以下。

📍 P160C.B4 🏠 东京都涩谷区宇田川町12-9 JouLe SHIBUYA B1F 📞 03-6415-7788 🕐 11:00~21:30 🌐 http://www.cross-grp.co.jp/francfranc.html 🚇 东京Metro线涩谷站下车，步行5分钟

1 咖啡厅紧连着商品区，一不小心就会让荷包"失血"。**2** 店里提供杂志阅览。

Francfranc Café

B1F

2008.11.20 (FRI)
Renewal Open 11:00-21:00

072

002

ムーミンベーカリー＆カフェ (后乐园店)

Moomin Bakery & Cafe

和噜噜米一起共享午茶吧！

　　Moomin Bakery & Cafe店门口摆放着几乎和真人一样大的噜噜米布偶，可爱的模样让人忍不住想摸两下。走进店里，会发现更多的噜噜米家族成员正忙着招呼客人呢！贴心的店员会不时询问各桌用餐的客人"有人想要加入你们用餐，不知可不可以呢"，让店内的气氛非常融洽欢乐。更棒的是，店里有免费的面包可享用，还贴心地准备了小烤箱，可以吃到暖乎乎的面包。店里不论是装饰、摆设、餐具、餐点、饮料等都隐藏着噜噜米的身影，处处充满惊奇。

📍 P163H.A1　🏠 东京都文京区春日1-1-1
东京ドームシティラクーア1F　📞 03-5842-6300 🕐 平日8:00~22:30（L.0.22:00），周日、假日、连休最后一日8:00~22:00（L.0.21:00）
@ http://www.benelic.com/moomin_cafe/tokyo_dome 🚃 东京Metro丸之内线、南北线后乐园站下车，2号出口步行1分钟；都营地铁大江户线春日站下车，5号出口步行3分钟

1 免费的面包种类不少。2 店门口摆放着甜蜜的噜噜米立牌。3 店里的免费面包区。
4 在店里用餐时，会有新朋友不时加入你们喔！5 咖喱饭套餐隐藏着笑脸，点餐时，噜噜米拿铁还可以自由选择喜爱的拉花角色。

003

ハティフナット

HATTIFNATT吉祥寺のおうち

闯入童话森林国度

　　总共两层楼的咖啡店，店外摆放着许多盆栽，外墙使用淡雅的绿色木片堆砌；刻意低矮的木门，让客人进门前都必须弯下身子；室内有温暖的黄光搭配木头装潢，让人仿佛走进童话世界。一楼用餐区为日式坐席，低矮的拱形天花板、墙壁上色彩缤纷的彩绘、充满童趣的用餐空间，绝对能满足女孩们的少女心；2楼为一般座椅区，窗外的阳光洒在木头桌椅上，就像日剧中的场景，十分治愈系。

📍 P163M.B1　🏠 东京都武藏野市吉祥寺本町1-38-4　📞 0422-23-3589 🕐 周一至周六12:00~23:00，周日12:00~22:00 @ http://www.hattifnatt.jp 🚃 JR中央本线吉祥寺站，步行8分钟

1 超可爱的抹茶拉花拿铁，650日元。2 四周的墙面延伸至天花板，上面都是森林般的卡通彩绘。

004
ラフ

Ra.a.g.f（Lafu）

与蹦跳兔兔一起喝咖啡

　　"Ra.a.g.f"藏身于4层楼的普通公寓内。脱下鞋子，越过栅栏后是一片木头地板，里面有3张可爱的小桌，地上摆着坐垫，这是可以和兔兔玩耍的地方。许多品种的兔兔住在旁边的笼子里，有毛像冲天炮一样的狮子兔店长，也有奶油色、骨碌碌黑眼珠的兔兔，还有看似懒洋洋的垂耳兔，客人都可以指定喜欢的兔兔并请店员抱它出来，看兔兔蹦跳，或购买店内提供的饲料野菜喂食。计费方式则是时间制，以半小时600日元为单位，附赠一杯饮料。若遇周六及假日人潮较多时还请先预约。

📍 P160C.C3　🏠 东京都涩谷区神宫前6-14-15 メゾン原宿3F　📞 03-6805-0328
🕐 平日12:00~19:30、周六日及假日11:00~20:00，每周五及每月第三个周四休息
@ http://raagf.com　🚇 东京Metro千代田线明治神宫前站A7出口步行约5分、原宿站表参道口步行约8分钟

1 咖啡店里可爱的小装饰品。**2** 店内轻松舒适的摆设。**3** Ra.a.g.f开发的相关商品。**4** 店内蹦跳兔兔的家就在座位旁边。**5** 圆滚滚的蹦跳兔兔完全不怕生，真是可爱得不行。

005

キューボット カフェ

Q-pot CAFE

华丽的童话珠宝少女

知名日本饰品品牌Q-pot于2012年在表参道开设了专属咖啡店,延续Q-pot品牌的梦幻氛围,规划了9个主题空间,每个空间会在某角落贴上数字,而最神秘的9号空间则需要事先预约才能看得到。店里的特色是摆放甜点的餐盘,上面画着身穿洋装的半身仕女图。当甜点一摆上去,加上可口的奶油,瞬间将美味的甜点变成华丽的珍珠项链,让女孩们都舍不得咬下这美丽的梦幻错觉!

🅜 P162G.A1 🏠 东京都港区北青山3-10-2**オフィス**青山1F 📞 03-6427-2626
🕐 11:30~19:30(L.0.19:00)@ http://www.q-pot.jp/shop/cafe 🚇 东京Metro银座线、千代田线、半藏门线表参道站下车,步行4分钟

▣ 项链套餐包含1杯饮料与1份蛋糕,每份1390日元,戒指套餐每份1650日元。❷ Q-pot CAFE的外观。❸ 牛奶罐造型的吊灯,非常卡哇伊。

006

カフェ ラ・ボエム

cafe LA BOHEME 新宿御苑

仿佛置身城堡的华丽场景

女孩们不妨想象一下,走在绿意盎然的新宿御苑巷弄里,偶然撞见角落的一家咖啡店,店里透明又挑高明亮的空间,欧式的复古室内设计,镶金边的大型造型吊灯,黑白相间的几何瓷砖地面,一排排酒红色、排列整齐的木桌椅,旁边靠墙的长形吧台吊挂着一个个透明酒杯,此时,一名系着蝴蝶结且身着黑色长围裙的侍者对着您微笑,是否有一种置身于欧洲城堡的错觉?这里除了适合下午茶之外,也是十分适合夜晚约会或是与姐妹们小酌的浪漫据点。

🅜 P162F.D3 🏠 东京都新宿区新宿1-1-7 **コスモ**新宿御苑ビル1F・2F 📞 03-5366-2242🕐 11:30~隔日3:00 @ http://www.boheme.jp🚇 东京Metro丸之内线新宿御苑站,2号出口步行5分钟

❶ 采光良好的落地大玻璃座位区。❷❹ 好吃到难以形容的冰淇淋甜点与苹果派。❸ 虽然外观看起来是家高级餐厅,但其实下午茶的性价比还颇高的。

文艺系女孩是不可缺少文具小物的。

SPOT 4 STATIONERY STORE

东京文具

文艺系女孩必败圣殿

记得上小学时，一把可以对折的尺子就能向同学炫耀；随着年纪增长，我们开始使用花哨的便笺纸、形形色色的笔记本、塞满各种颜色的圆珠笔的华丽帆布笔袋；然后我们开始搜集各种文件夹，直到努力寻找专属于自己的钢笔和名片夹……文具用品伴随我们成长。来到东京，不论是宣扬日本传统文化的鸠居堂、世界最美书店之一的茑屋书店，还是专门从欧洲进货的特色文具店，都是文艺系女孩不能不造访的文具圣殿！

001
ダイカンヤマ ツタヤショテン

代官山 茑屋书店

文青新天地 世界最美的书店之一

如果女孩们喜欢沉浸在诚品的氛围，那么来到东京一定得造访茑屋书店。自1983年在大阪成立第一家店开始，以书店、出租DVD和CD为主，它已在全日本拥有超过千家连锁店。2011在代官山开设了新店"代官山T-site"（Daikan-yama T-site），这个由3栋两层楼建筑相连而成的复合型商圈，各楼层主题鲜明，除了各类书籍、杂志、音乐之外，还有Lounge bar餐厅与星巴克咖啡店等，真正实现了创始店希望传达的"通过书籍、电影与音乐结合"的生活方式。

🚇 P160C,B5 🏠 东京都涩谷区猿乐町17-5 📞 03-3770-2525
🕐 1F: 7:00～次日凌晨2:00, 2F: 9:00～次日2:00 @ http://tsite.jp/daikanyama/ 🚃 东急东横线代官山站，步行5分钟

1️⃣ 详细的楼层说明。 2️⃣ 可以拿本书、点杯咖啡，享受惬意的午后。

002
やまだステーショナリー

三鹰市 山田文具店

收集怀旧的文具

不知女孩们小时候有没有买过针筒自动笔呢？和姐妹一起玩着医生护士的游戏，模仿护士拿着注入了鲜明药水的自动笔，按着笔头假装为同伴打针，想起来不禁莞尔一笑！位于三鹰市的山田文具店，以收集怀旧的文具与杂货为主，为大家保留儿时的童真记趣。除了文具用品外，老板还收集了日本与其他各国的邮票，一枚一枚地销售。文艺系女孩不妨来这里挖宝，为自己的Moleskine添色吧！

📍 P163M.A1 🏠 东京都三鹰市下连雀3-38-4 三鹰产业プラザ1阶 📞 04-2238-8689 🕐 平日11:00~19:00（周六11:00~20:00）
@ http://yamadastationery.jp 🚉 JR中央线三鹰站，步行8分钟

1 店门口用小黑板手写的招牌，给人亲切自然的感觉。**2** 用纸DIY而成的复古火车装饰。

003
台東區 カキモリ

台东区 Kakimori

打造女孩的专属笔记本！

距车站3分钟步行距离的Kakimori是文青们喜爱的店铺之一，员工们使用一台复古的装订机器仔细地装订笔记本。店里一整排的木格子柜里摆放着各式各样的纸，供顾客自由选择纸张、笔记本配件、书皮等，结账后员工便会帮忙装订，约20分钟就完成了你的专属笔记本，不论是自用还是送礼都是非常特别的纪念。除此之外，店里的另一面墙陈列了一整排的钢笔，女孩们可以拿来自由试写，店主希望每人都能在试写过程中找到最适合自己的专属钢笔。

📍 P161E.C3 🏠 东京都台东区藏前4-20-12 📞 03-3864-3898 🕐 12:00~19:00（周一休息）
@ http://www.kakimori.com 🚉 都营浅草线、都营大江户线藏前站，步行约3分钟

1 各种花色与厚度的纸。**2** Kakimori店的外观。**3** 店门口的手写招牌。**4** 员工们正在制作笔记本，敲敲打打的专业模样，不禁让人看得入神。

004
吉祥寺36サブロ

吉祥寺 36 Sublo

温暖朴实系文具杂货

位于白色建筑2楼的"36 Sublo"，店面精致小巧，温暖的黄光为每个商品增添了些治愈色彩，除了进口自世界各地的文具杂货外，也有自家设计的系列商品，如非官方的吉祥寺代表角色"吉ぞうさん"造型古怪的模样反而非常讨喜；手绘设计的明信片也是热门商品之一。

📍 P163M.B1 🏠 东京都武藏野市吉祥寺本町2-4-16 📞 04-2221-8118 🕐 12:00~20:00（周二休）@ http://www.sublo.net 🚃 JR中央线吉祥寺站步行约8分钟

1 非常文青的商品包装，右下角印着"36"字样的小人物造型图案。**2** 面积不大的空间，充满令人惊奇的小商品。**3** 形状奇特的磁铁商品。**4** 从楼梯间就可看到从店里照射出来的温暖灯光。

---

1 鲜明抢眼的绿色为品牌的主色。**2** 店内提供免费取用的月历，商品大多数来自欧洲。

005
エキ スコス 東京ステーションシティ店

东京车站 Eki SCOS

俏皮的欧洲舶来品

本店位于本乡三丁目站的SCOS，品牌名称来自"A small circle of stationary"。品牌创立人因为喜爱收集文具，因缘际会之下与当时的同事开设了以进口国外文具为主的SCOS，而Eki SCOS则是因为是车站内的分店，故在前面多加了"Eki"（日语为"车站"之意）。现在除了销售日本与欧洲国家的文具之外，也多了自家设计的商品。

📍 P158A.C4 🏠 东京都千代田区丸之内1-9-1 东京车站站内京叶**ストリート** 📞 03-3218-8015 🕐 08:00~22:00 @ http://www.scos.gr.jp/open.htm 🚃 JR山手线东京车站站内

006
きゅうきょどう
银座本店 鸠居堂

九百年的传统老店 寻找传统日本味

创立于1663年的百年老店，专卖熏香、文房四宝、书信用品和纸制品。为了延续日本传统工艺文化，不断推陈出新以和纸为主的许多创意商品，例如墙上挂饰、耳环、细致的立体卡片、各式各样不同大小的收纳盒、卡片、扇子等，结合传统与现代之美，深受外国人的喜爱。

📍 P161D,B2 🏠 东京都中央区银座5-7-4 📞 03-3571-4429 ⏰ 周一至周六10:00~19:00，周日、法定假日11:00~19:00 @ http://www.kyukyodo.co.jp 🚇 东京Metro银座线、日比谷线、丸之内线银座站，A2出口步行1分钟

1 精致的和纸工艺品。 **2** 一字排开的和纸，可买来满足各种用途或收藏。

> 精致可爱到每样都想买回家！

007
ぶんぼうぐカフェ
表参道 文房具咖啡

咖啡与文具的复合餐厅

位于地下室的文房具咖啡，开阔的空间设计，完全没有一般地下室给人的沉重压迫感。店面一区陈列着文具与个性商品，另一区则是有许多小机密的用餐区。用餐区大方地提供各种文具画笔，原来是为了让用餐者可以在五分之四皆空白的餐垫纸上随意挥洒，真是非常贴心的文青控设计啊！纸上剩下的五分之一则是意见调查表。更特别的是，只要付700日元成为会员，就可以获得神秘的金钥匙。这钥匙能够开启每张餐桌下的抽屉，抽屉里放着什么呢？就待女孩们亲自去体验了！

📍 P160C,C3 🏠 东京都涩谷区神宫前4-8-1 田ビルB1F 📞 03-3470-6420 ⏰ 10:00~23:30(Food L.O. 22:30 / Drink L.O.23:00) @ http://www.bun-cafe.com 🚇 东京Metro千代田线、银座线、半藏门线表参道站，A2出口步行4分钟

1 色彩鲜明的商品陈列区。**2** 店内一角。**3** 店内养生好吃且价格实惠的咖喱饭套餐。**4** 可以自由绘画的餐垫纸。

008
ノイエ東京ソラマチ
晴空塔 NEUE

商务熟女系文具

位于晴空塔商圈的文具用品店，出售国内外的精品文具商品，包括手账、国际品牌钢笔、信纸等。除此之外，也销售文青最爱的纸胶带、便笺纸、卡片。由于这家分店设立在晴空塔，当然少不了晴空塔限定的商品啰！

📍 P159B.A2 🏠 东京都墨田区押上1-1-2东京ソラマチ4F 📞 03-5809-7124 ⏰ 10:00~21:00 💻 http://www.rhetoric.jp 都营浅草线押上站，A2出口步行约2分钟；东京Metro半藏门线押上站，A2出口步行约2分钟；东武晴空塔线东京晴空塔站，B3出口步行约2分钟

1 店内陈列着琳琅满目的国内外商品。2 幽默的便利贴。

009
いとうや
银座 伊东屋与 K.ITOYA

文具迷的天堂

1904于银座创店，专卖各类文具用品，在这里可以找到各式各样的文具商品，是文具迷挖宝的天堂。在银座有两家伊东屋，一家以钢笔为招牌，6层楼的K.ITOYA销售高级钢笔、画框、绘画用具、地球仪等；另一家则是以回形针为招牌的本店，销售各种文具商品。

📍 P161D.B2 🏠 东京都中央区银座3-7-1 📞 03-3561-8311 ⏰ 周一至周六10:00~20:00，周日、法定假日10:00~19:00 💻 http://www.ito-ya.co.jp 🚇 东京Metro银座站，A13松屋口步行2分钟

1 自家品牌的圆珠笔与自动铅笔。2 伊东屋1904于银座创立的第一家店。

日本制的文具用起来感觉特别不一样。

010
ユルリク
千代田 Yuruliku

幽默又有质感的文具

Yuruliku是由两个日本设计师创立的文具品牌，品牌的名称来自日语"**ゆるり**"（轻松）和"**ゆっくり**"（缓慢地）。设计师们希望每件商品都传递新鲜有趣的喜悦，让每个使用商品的顾客都能会心一笑，创造生命中幽默的小确幸。除了商品设计本身之外，他们的每件商品皆由日本师傅手工制成，独特稀有的特色让他们的商品被许多文具店采购和陈列。在千代田的店面其实是他们的工作室，商店区虽然面积不大，但完整陈列了Yuruliku的所有商品。女孩们若想一探究竟、与设计师聊聊天，需注意开店时间，一周只有两天哟！

📍 P158A.C1 🏠 东京都千代田区外神田2-1-3 东进ビル新馆B1 📞 03-6206-8681 ⏰ 每周五、六12:00~19:00 💻 http://www.yuruliku.com/index.html 🚇 JR中央线、总武线御茶ノ水，步行5分钟；东京Merto千代田线新御茶ノ水站，步行5分钟；东京Merto丸之内线御茶ノ水站，步行3分钟

1 店内的商品陈列。2 店面位于地下1楼。3 简单质朴的招牌。

图片提供／刘耕宏

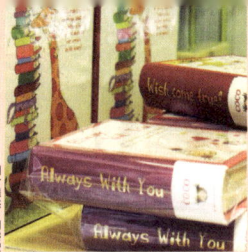

把行李箱塞爆还是想继续买呀！

SPOT 5 SUNDRY GOODS

东京杂货

采购时光，增添女孩可爱气息的小物们

　　无论是哪种类型的女孩，手上、头上甚至随身携带的物品中，总少不了一些可爱或有趣的小物。究竟在东京有什么必逛的杂货小铺？在东京有什么必买的流行小物？从生活杂货到超可爱的爱丽丝专卖店，充满浪漫与童趣的欧风杂货，保证能满足女孩们血拼的愿望！

001

ロフト

LOFT 池袋本店

一应俱全的生活杂货

　　如果说女孩只要逛一家店就能买齐全身上下的行头、配件、文具、流行小物和生活必需品，并且要求商品既有质感又耐用的话，这家让日本女性也热爱不已的"LOFT"肯定是不二选择！光是在东京都内就有20家分店的LOFT，从文具用品、美妆产品到流行杂货，种类繁多的商品可说是全方位地拉拢女性顾客。女孩们一层一层地慢慢逛，一下子就能耗掉半天时间。此外，喜欢迪士尼系列商品的女孩们尤其不能错过LOFT，因为这里的迪士尼系列文具及相关商品的数量也不少，有些甚至在迪士尼专卖店都不一定能买到呢！

📍 P163L A2 🏠 东京都丰岛区南池袋1-28-1西武池袋本店9F~12F 📞 03-5960-6210 🕐 10:00~21:00（假日营业至20:00）💴 150日元起 🌐 http://www.loft.co.jp/index.php
🚉 JR山手线池袋站，东口步行2分钟

1 店里所有商品都分门别类地整齐排放。**2** 能买到超可爱又便宜的马克杯。**3** 立体仙杜瑞拉卡片。

002
アソコ

ASOKO 原宿店

时尚的平价杂货小物供应站

"ASOKO"是来自大阪的人气平价杂货店，每项商品都有多种缤纷可爱的颜色可让女孩们挑选。除了文具杂货外，连收纳、壁贴、厨房用品到居家衣服也应有尽有，两层楼的店里时时刻刻都挤满主妇、上班族和女学生，大家都挑得不亦乐乎！ASOKO对习惯高消费的东京人来说是平价品牌，而从咱们中国人的消费角度来看，ASOKO便宜的程度也令人大吃一惊！

📍 P160C.C3 🏠 东京都涩谷区神宫前6-27-8 📞 03-6427-9965 🕐 11:00~20:00 ¥ 150日元起 @ https://www.asoko-jpn.com 🚇 东京Metro副都心线、千代田线明治神宫前站，7号出口步行5分钟

1 店内随时都有购物的女子。2 超轻薄光能计算机与荧光质感的黑色扑克牌，送礼超实用。3 让办公室淑女们心情放松的小盆栽。4 非常有设计感的ASOKO门面，出入口是分开的。5 彩色的回形针与夹子们。

003
アランデル

Arundel

超萌童话系列爱丽丝专卖店

自由之丘一向是日系风格杂货及特色小店的集散地，女孩们到东京通常会安排一天到自由之丘来，除了吃甜食，也享受优哉逛街的乐趣。"Arundel"是一间充满爱丽丝、妖精、童话与奇幻风格的小店，从各式文具用品、书签、吊饰到明信片等，设计都以妖精童话或爱丽丝梦游仙境的题材为主。在Arundel可感受到一股浓浓的复古英式风格，让人忍不住在逛完之后想马上来一杯下午茶！

📍 P163J.A2 🏠 东京都目黑区自由が丘2-13-3 自由がエスビル3F 📞 03-3723-7331 🕐 11:00~19:00（周三休息）¥ 500日元起 @ http://arundel.jp/index.html 🚇 东急东横线自由が丘正面口步行1分钟，大井町线自由が丘站南出口步行1分钟

1 店里的布置充满浪漫的欧洲童话元素。
2 超可爱的爱丽丝主题扑克牌与华丽的特色丝袜。

1 一走进这个大门,很快就会陷入失心疯状态。2 录音带造型的超大购物袋。3 沐浴乳罐,约20元人民币就能带回家。4 FLYING TIGER宣传海报。

004
フライング タイガー コペンハーゲン

FLYING TIGER COPENHAGEN

北欧生活杂货正式入住东京

　　位于表参道的 "FLYING TIGER CO-PENHAGEN" 是2013年才在东京开业的生活杂货店,专卖北欧生活杂货用品。FLYING TIGER COPENHAGEN在全球超过20个国家开设了230家以上的分店,来到日本一样拥有超高人气,其一贯式采购动线,即使店内有许多顾客,购物时也不会乱成一团。这里的商品琳琅满目,从杯子、时钟到桌垫、玩具等,女孩们想得到的生活小物在这儿都能找到,而且价格也相当便宜呢!

P160C.C3 东京都涩谷区神宫前4-3-2 03-6804-5723 11:00~20:00 100日元起 http://www.flyingtiger.jp 东京Metro银座线表参道站,A2口步行2分钟

005
カーリーコレクション

Curly Collection

俏皮的亲子杂货

　　经营超过20年的 "Curly Collection" 是一家具有童趣特色的小商店,自20世纪80年代初期便开始从美国、加拿大、欧洲等地进口并销售可爱的儿童服装。店内同时也销售很多与服装相关的配件与手工制的随身小物,也有艺术家们的原创商品,超适合亲子一同来采购。女孩们也可以买些小东西回国送给姐妹们的孩子,保证大方又实用!

P160C.C5 东东京都涩谷区惠比寿西1-34-15ヒルズ代官山102 03-3770-7661 11:00~19:00 300~1500日元 http://curlycollection.jp 东急东横线代官山站,正门口步行3分钟

1 女孩钥匙圈,2160日元。2 店铺不大,客人络绎不绝。3 门口也摆满了可爱的杂货。4 女孩布背袋,2808日元。

戴着小饰品上街最能突显少女心了。

006
プピ エ ミミ

pupi et mimi

法式古董杂货店

以英国与法国为中心、收集世界各地的小物而成的小店"pupi et mimi"，位于距离代官山稍远一点点的偏僻小巷弄里。店铺的外观看起来相当具有朴实的北欧质感。女孩们在这迷人的小天地里，究竟能寻到什么意想不到的惊喜呢？

📍 P160C.C5 🏠 东京都涩谷区猿乐町13-5代官山ステラハウス1-A ☎ 03-5456-7231 🕐 12:00~19:00（周一休息，如遇假日照常营业但隔天休息）¥ 300~1500日元 @ http://pupietmimi.com 🚇 东急东横线代官山站，西口步行8分钟

1 店外墙上的可爱壁画。**2** 造型独特的布偶们排排坐。**3** 店外的小招牌相当有欧洲风味。**4** 进入朴实的小店有寻宝的感觉。

1 3 COINS的店面装饰。
2 超可爱的熊猫椅脚保护布套。

007
スリーコインズ

3 COINS 涩谷店

通通只要3个铜板就能带回家！

从生活杂货到日常必需品，女孩们在"3 COINS"可以买到既便宜又实用的小物。比普通的百元商店品质再优一点的"3 COINS"，从厨房、餐桌、浴室、书房到客厅用品，1个、2个、3个，没错！全店每种东西都只要花3个百元铜板就能带回家！

📍 P160C.B4 🏠 东京都涩谷区宇田川町31-2 ☎ 03-5456-2672 🕐 11:00~21:30（周一至周五），10:30~21:30（周六日及假日）¥ 315日元（含税）@ http://www.3coins.jp 🚇 东京Metro银座线、半藏门线、副都心线涩谷站，3出口步行3分钟；JR山手线涩谷站，ハチ公口步行4分钟

008
HATTIFNATTの雑貨屋さん～みんなのお店～

HATTIFNATT 杂货屋

充满童心的创意手工商品大集合

HATTIFNATT除了开设超卡哇伊的森林系咖啡小屋之外，在附近不远的地方也设立了杂货屋，店内的布置是同样的森林小木屋风格，销售的东西大多是手工的小玩偶、饰品及明信片等，非常适合乐活系女孩的style!

📍 P163M.B1 🏠 东京都武藏野市吉祥寺南町2-22-1 ☎ 04-2226-9110 🕐 12:00~20:00（周一及每月第三个周二休息）¥ 300日元起 @ http://hattif-zakkayasan.com 🚇 JR中央本线吉祥寺站，北出口步行6分钟

1 手工做的美丽饰品。**2** 做工精致的靴子饰品。

009
フランフラン
Franc franc

优雅浪漫的欧系杂货

在优雅的氛围中慢慢逛着浪漫的欧系杂货，Franc franc 就是让人如此享受的一家店！目前光是在东京就有25家分店的 Franc franc，坐落于新宿、涩谷、池袋、上野等热闹地区，只要在旅游路线上行走，多半都会不经意地看到它。这里介绍的分店位于惠比寿车站的 ATRE 百货5楼。惠比寿 ATRE 百货也是有各式各样吃喝玩乐的好逛场所，女孩们来到惠比寿 ATRE 百货时，别忘了也到 Franc franc 挖挖宝唷！

📍 P160C.B4 🏠 东京都涩谷区惠比寿南1-5-5　アトレ惠比寿5F　📞 03-5793-8020　🕐 10:00～21:30　💴 200～4000日元　@ http://www.francfranc.com/　🚃 JR山手线惠比寿站，站内直达

1 圆点图案的下午茶杯，1645日元。**2** 从店门口看进去，白色系的装潢让人感觉心情放松。

1 从入口的楼梯开始就有一种自然朴实的氛围。**2** 布制卫生棉，2200日元。**3** 商品摊开后的全貌。**4** 有各式各样的花色、尺寸可挑选。

010
レメディガーデン
Remedy Garden

守护女孩们特殊时期的布制护垫

这家非常特别的小店，其实是一家"布制卫生棉"的专卖店。由于市售卫生棉多半含有化学物质，而女孩们每个月都必须用上那么几天，对身体也会产生一定的负担。Remedy Garden 抱持健康的理念，利用天然材质制作卫生棉布，用完洗一洗，晒干后可以再重复使用。有机亚麻棉布不仅对人体无害，更能促进环保、减少垃圾的制造，而且 Remedy Garden 非常贴心，按流量制作了各种尺寸的卫生棉布，还有各种可爱的图样与花色，虽然只有使用者自己才欣赏得到这些图案，但如此可爱又实用的卫生棉布，女孩们怎能不多采购几片带回家呢！

📍 P163I.B1 🏠 东京都世田谷区奥泽5-20-19K & F自由が丘2F　📞 03-6421-4528　🕐 11:00～20:00　💴 平均2200日元　@ http://www.remedy-garden.co.jp 🚃 东急东横线自由が丘站，南口步行2分钟

EXPERIENCES OF TOKYO

体验东京

除了一般人熟知的知名景点之外，东京还有什么值得女孩们一探究竟的地方呢？如果女孩们已经不是第一次来东京，不妨来趟深度体验之旅吧！早上前往日本女孩口中的恋爱神社，祈求良缘；午后向大师学习并亲手制作那常在日剧中出现的江户风铃；傍晚漫步在街头，与姐妹们比赛谁能找到最奇特的售货机；接着抵达东京商业大楼，俯瞰脚下一片璀璨如宝石的东京夜景，稍作歇息；最后选一家特色居酒屋，在吧台与日本上班族并肩而坐，点杯爽口的生啤。女孩们的东京行程，就是要和大家不一样！

EXPERIENCES OF TOKYO

女孩轻体验

带不走的现场体验，带得走的回忆纪念

从东京回国前，想必女孩们必定会采购许多伴手礼和纪念品，希望通过这些礼物纪念旅游的美好回忆。有些回忆是必须亲临体验，才会更加完美而珍贵。东京有许多业者可以让游客参与制作，亲自动手，亲身体验日本文化。建议女孩们也可以事先预约1～2堂东京体验课程，来点不一样的深度文化之旅。

超特别的东京回忆！

001

篠原まるよし風鈴

筱原江户风铃

沁凉感十足的江户风铃制作

每次看日剧时，一到夏天的场景，总会看到有风铃挂在阳台边，被风拂过时发出清脆的叮叮声；风铃透明的玻璃上画有金鱼图样，莫名地有种沁凉消暑感！这种由玻璃制成的风铃因在江户时期大量生产，因而被称作"江户风铃"。靠近浅草的筱原まるよし风铃，是一家制造江户风铃的工作室，制作各种造型的风铃，从传统的圆形、铃兰形到可爱的小红鬼造型都有。

📍 P161E,B2　🏠 东京都台东区台东4-25-10　📞 03-3832-0227
🕐 10:30～18:00　@ http://www.sam.hi-ho.ne.jp/maruyosi　🚇 都营地铁
大江户线新御徒町站A2出口、东京Metro银座线稻荷町站步行6分钟

1 3 师傅自行研发的造型风铃。**2** 来这里亲手绘制自己的风铃吧！

口吹玻璃与绘制风铃体验

亲手制作那与风跳舞的声音

在师傅日语与英语交杂、生动表演的示范下，可以了解风铃的制作过程。师傅将玻璃加热后，一派轻松地呼出一口气，漂亮的风铃瞬间成型，令旁人忍不住发出"哇～"的赞叹声。接着换成女孩们试试吧！吹气力度的掌握实在难以捉摸，一不小心用力过度，眼前的玻璃球立刻爆裂，随之而来的是爽朗的笑声，以及对师傅的敬佩油然而生，深刻体会到那看似简单的一口气，背后是好几年的经验累积。吹好自己的风铃后，便前往2楼等待冷却。2楼的彩绘教室，墙上挂满许多学生的感谢卡以及照片。在彩绘老师细心地讲解并示范基本的彩绘技法后，剩下时间便是女孩的自由创作时刻了。江户风铃工作室设有两种体验课程，分别为"风铃绘制课程"（ガラスの内側から絵付けをする体験）以及"口吹玻璃与绘制风铃课程"（ガラス吹きから絵付けまでの体験）。课程长度60～80分钟，主要时间花费在女孩们绘制风铃、来回修改涂抹上。

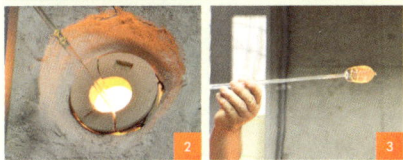

STEPS：

1 师傅会先将玻璃以高温加热。**2** 让玻璃在火炉内转圈，均匀受热。**3** 一旦玻璃离开火炉，就要准备深吸一大口气进行口吹玻璃了。**4** 一边吹，师傅会在一旁指导，帮忙转动玻璃。**5** 风铃完成后，在等待放凉的期间，前往2楼的绘制教室。**6** 小老师（其实就是师傅的儿子啦！）会教授基本的绘制小秘诀。**7** 接着就是女孩们自由发挥的时刻，在风铃内绘制自己喜爱的图样。**8** 绘制完成后，将线穿过风铃。**9** 调整好长度，在风铃上方打结。**10** 打好结后，女孩们专属的风铃就大功告成啦！

! 成品规格：长、宽、高各约10cm（含外盒包装） **¥** 体验费用：1700日元 **⏰** 花费时间：约60分钟

做一个风铃挂在房间的窗台上吧！

大和样品制作所

女孩无法抵抗的食物模型制作体验

创立超过一甲子的大和样品制作所，在北池袋的民宅巷弄中设立了食品模型教室，让一般大众都能来这儿体验学习食品模型的制作，一件模型制作完成平均只需花费20～30分钟。最棒的是，女孩们不必担心语言不通，因为达人能用简单的英语教学，只要稍微运用一下肢体语言，仔细看着达人的教学动作，保证大家都能做出很棒的作品！目前可接受预约体验的项目包括炸虾模型、拉面模型、中华凉面模型、咖喱饭模型、迷你便当模型、冰淇淋圣代模型、迷你圣代模型、水果塔钥匙圈、杯子蛋糕钥匙圈等，这些食模的制作不只考验手工精细程度，更考验着女孩们的脑力与创造力！课程需事先预约，否则可能会不得其门而入哦！

📍 P163L B1 🏠 东京都丰岛区上池袋4-25-12 📞 03-5980-8099 🕐 09:00～17:00（周三、周四休息）💴 1080～2808日元 @ http://yamato-sample.com 🚃 JR埼京线板桥站，东口步行约10分钟；东武东上线北池袋站，出口步行约6分钟

女孩体验 2

冰淇淋圣代模型

看起来超美味的甜点

说到甜点，能让女孩们尖叫的除了蛋糕之外，大概就是缤纷的冰淇淋圣代了。以霜淇淋作为基底，上头淋上巧克力酱汁或草莓果酱，再依主题放上各式水果，不仅实际的冰淇淋圣代受到女孩的喜爱，就连在食物模型界这也是指定的人气项目之一。除了女孩之外，也是许多亲子来参加共同体验时小朋友最喜欢做的东西。整体制作时间大约20分钟，在上头摆放水果、饼干等配料，对女孩们来说是最棒的时刻！

📋 成品规格：宽约7cm、高约9cm 💴 体验费用：2160日元 🕐 花费时间：约20分钟

STEPS：

1️⃣ 先从满满的配料盒中，选出5样喜欢的水果或饼干配料。2️⃣ 准备一个玻璃杯，达人正在说明里面要先装入约1/3杯高的假果浆。3️⃣ 可以选择加入各种颜色的果浆，本次选择蓝色。4️⃣ 达人拿出制作样品时常用的Silicone（俗称矽利康），它通常用来填补浴室缝隙，在这里则是作为霜淇淋使用。5️⃣ 从底层开始慢慢画圆，并且向上堆叠。6️⃣ 到上层时再换小口径的工具，才能勾勒出完美的霜淇淋尖端。7️⃣ 将选好的配料依自己喜欢的位置放上。8️⃣ 完成了！是不是有一种消暑又美味的感觉呢？

拉面模型

地道的日式拉面
在冬天看了都觉得温暖

日本的拉面一向样式简单，其味道取决于拉面的弹性，以及各家汤头的独门制作配方，加上几片卤入味的叉烧，就是一碗让人食指大动的日式酱油拉面啦！在"大和サンプル制作所"的统计里，拉面模型是相当具有人气的指定项目之一，也是许多成人特别喜欢的体验选择，其整个制作时间约为40分钟。本书特别取得"大和サンプル制作所"的同意，可以向女孩们公开完整的制作过程。究竟拉面模型应该怎么做呢？让我们继续看下去！

📐 成品规格：宽约15.3cm、高约6cm 💴 体验费用：2376日元 🕐 花费时间：约40分钟

看起来好像真的！

STEPS：

1 准备一锅温热水，以及拉面必备的各种配料：塑料制的面条、猪肉片、笋干、葱及青菜。**2** 将塑料制的材料放入60℃左右的温热水中，浸泡几秒使其慢慢软化。**3** 先将面条素材拿起，一次抓四五条，折成8字形，其他素材也分别折成自己喜欢的曲线。**4** 将8字形的面条依序排放在小碟子里。**5** 将放好面的小碟子放入碗中，倒入伪装成汤头的咖啡色液体，也有定型的效果。**6** 把配料剪成适当的宽度。**7** 把配料一一按照自己喜欢的位置摆放在碗中，再将整个碗放入冰箱冷却固定约10分钟。**8** 完成了！看起来无疑就是一碗好吃的外带拉面！

091

Häagen-Dazs

洗車用品

挽く ドリップ 香る

看谁找到的特色
售货机比较多！

自动售货机

小铜板的平民寻宝，超有特色的售货机报你知

日本全国拥有超过500万台自动售货机，是世界上自动售货机最多的国家，满街都能看到的各式饮料售货机早已不稀奇，热食、生米、鸡蛋、鲜花、关东煮、香蕉、啤酒、雨伞、纳豆，只要想得到的物品，几乎都能在这儿找到售货机。花几个铜板就能买到好吃好喝或好玩的，女孩们在路上逛街时不妨睁大眼睛注意一下，说不定也会发现这些超有特色的售货机哦！

001

おでん／ラーメン自動販賣機

关东煮／拉面售货机

站在路边吃的方便热食

关东煮与拉面售货机卖的是相当有趣的罐头，一罐价格250～350日元。由于售货机本身一直处于加热状态，因此掉下来的罐头相当烫手，在天冷时买一罐来暖手兼暖胃相当不错！关东煮与我们一般认知的差不多，里面有萝卜、鱼板、甜不辣等关东煮常的见配料，不过拉面就有些出入，因为面条浸汤会过于软烂，因此罐头使用的是不怕长时间浸泡的蒟蒻面条，吃起来口感很特别呢！

1 关东煮／拉面售货机。**2** 猪肉拉面罐头。**3** 关东煮罐头，320日元。

002
おもちゃ自動販賣機
玩具售货机

逛街也不怕小孩没东西玩

　　带小孩出门逛街时最怕小孩吵闹了！有了玩具售货机，买个小玩具给小朋友玩，就能开开心心地逛街了！玩具售货机让人感觉就是扭蛋玩具机的放大版，但不同的是售货机直接掉出玩具来。

1 托马斯小火车系列的玩具售货机。

003
百円自動販賣機
百元售货机

一个铜板就搞定口渴问题

　　现在流行的百元商品风也悄悄吹进了售货机界，开始推出百元售货机，所有的冷饮都只需100日元就能买到！与便利商店动辄200日元的饮料相比，百元售货机的饮料真好便宜。

1 不论什么饮料都是100日元。
2 100日元能喝到的牛奶咖啡。

004
はんこ販賣機
印章售货机

超快速
5分钟搞定一个印章

　　出门在外，难免临时有需要使用印章的时候，偏偏忘在家里该怎么办呢？没关系，来印章售货机刻章吧！最快只花5分钟就能搞定你的问题。

1 不如来这里做一个自己的印章吧！

1 啤酒售货机的选择真不少！　2 啤酒大厂的商品这里都有。

005
ビール自動販賣機
啤酒售货机

吃夜宵谈心的女孩们不能忘记这一瓶

　　一口气喝下去透心凉，配以下酒菜或炸物，虽然热量爆炸，但是对于不怕胖的女孩们来说绝对是人间美味。一台小小的售货机内，日本几大啤酒品牌麒麟、ASAHI、SAPPORO一次到位！

006
バナナ自動販賣機

香蕉售货机

补充维生素C
有好气色的女孩自拍更美丽

由于日本20～30岁的年轻人摄取水果量普遍低，业者针对年轻人的生活习性，因此有了香蕉售货机的构想，让他们能方便地获取水果。香蕉售货机位于半藏门线与田原都市线涩谷站B1入口附近，据统计，涩谷的这台售货机平均每天卖出2500根香蕉，是相当可观的数字。1根香蕉130日元，一包250日元，内有3～4根。

1 香蕉售货机，除了涩谷之外，在银座和东京车站也可以找到喔！ **2** 你吃过香蕉洋芋片吗？ **3** 这是真的新鲜香蕉。

在冷冷的天气里，捧着热腾腾的饮料，好像日剧中的女主角喔！

007
スープ自動販賣機

热汤售货机

天气冷的时候暖手也暖胃

有什么东西在天气冷的时候比味噌汤和玉米浓汤更吸引人呢？在中国，如果临时想喝热红豆汤还真不知道要上哪儿去买，但是在东京可不用担心，车站里面的售货机就有热乎乎的红豆汤。天冷等车的时候来一杯红豆汤罐头，让女孩甜在嘴里、暖到心底，就像恋人对你的温暖呵护一样。

1 各式热汤及热甜酒商品。 **2** 在冬天热汤比热饮更暖胃。

008
コーヒー自動販賣機

咖啡销售机

来一杯暖暖的咖啡提提神吧！

无论天冷或天热，通勤的上班族若要维持精神，最不可缺的就是咖啡了！在东京地铁月台上，有时能见到这样的咖啡售货机，从美式咖啡、拿铁到欧蕾等都有售。不过女孩们可别以为这台售货机只卖普通的冷热咖啡，最棒的是它还有可可亚咖啡和香蕉咖啡这样的特殊口味，每天都可以视心情来杯不一样口味的咖啡，这样上班也会更有活力吧？

1 香蕉可可、焦糖拿铁、香蕉欧蕾……女孩们想点一杯呢？

094

009
ミルク自動販売機
牛奶售货机

喝一瓶补补钙再走吧!

虽然牛奶是常见的过敏源之一,但有些女孩却相当喜爱牛奶,每天非得喝上一两杯才感觉吃过早餐了!各种口味的保久乳、各大品牌的鲜乳、添加各种营养素的乳品,都要尝尝鲜才觉得过瘾。这样的女孩来东京就对了!在秋叶原除了可以在月台上的牛奶专卖店一饱口福之外,也可以在月台旁边找到牛奶售货机。从原味牛奶到常见的咖啡、草莓、巧克力等口味,再到特别的香蕉、香草和抹茶牛乳,各种口味的乳乳让女孩可以尽情挑选!特别推荐每日限定生产的东京牛乳,来到东京没喝过就太可惜了!

1 每日限定生产的东京牛乳,110日元。**2** 还有香蕉、苹果等水果口味。**3** 想不到牛奶也有售货机。

010
次世代自動販売機
次世代售货机

具有脸部辨识系统的未来售货机

液晶触控式操作的划时代智能售货机,不仅能依气温显示适合的饮品,更能辨识购买者的脸部与年龄,筛选适合的商品!足足47英寸大的屏幕设计,让商品更能清楚呈现,方便顾客选购;此外,不同于传统售货机只能根据饮料外观与文字选购,女孩们可以从次世代售货机中点选商品,了解商品的更多资讯,包括容量、成分、商品说明,更重要的是还有对女性们最重要的卡路里标示喔!

1 拥有47英寸液晶屏幕的次世代售货机。

011
アイスクリーム自動販売機
冰淇淋销售机

夏天来一支甜筒消消暑,也是拍照的好道具

日本零食大厂固力果(Gligo)的冰淇淋售货机"seventeen ice",保留了日式传统冰筒包装,口味上不断推陈出新,不论是大人或小孩都很喜欢在街上遇到这台机器。冰淇淋类型包括冰棒类(**スティックタイプ**)、有饼干壳的甜筒类(**コーンタイプ**)以及冰淇淋夹心饼干类(**モナカタイプ**)。

1 冰淇淋售货机。**2** 葡萄香槟口味的冰棒,吃起来酸酸甜甜!

SPOT 3 ROMANCE JINJYA

恋爱神社

祈求爱情，寻找你的Mr.Right

请赐我一份良缘吧！

神啊！请帮忙找寻我的Mr.Right！在中国，有月下老人牵线，到了东京也有许多灵验的恋爱神社，有的祈求良缘，有的斩断烂桃花，有的让恋爱升温。不论你是单身贵族、恋爱ing还是为人妻子，都可以依照自己的需求，前往参拜祈愿！

简单6步，学会正确的参拜！

给女孩的贴心小提醒

正确的神社参拜方式

方法要对，才会灵验

什么是鸟居？门口洗手有什么顺序吗？是否需要投币呢？日本神社的参拜方式其实并不烦琐，简单的6步，女孩们就可以学会如何正确参拜啰！

1 通过鸟居：像拱门一样的鸟居主要作为神界与俗世的分界线，从鸟居进入神社，等于从人界踏入了神明居住的地方，因此通过鸟居之前要微微地鞠躬，向神明致意。**2 3** 手水舍净身：为了表示对神明的尊敬，在参拜之前需要净身，因此需要在手水舍洗手漱口。首先用右手拿勺舀水，将左手洗净；反之，用左手将右手洗净。接着右手舀水倒入左手掌心，将水送至口中漱口后吐掉，千万不要将勺子与口直接接触。完毕后，单手将勺子直立，让勺中剩余的水顺延而下，流过手握过的勺柄。最后将勺子扣朝下放回原处。

いずもたいしゃとうきょうぶんし

出云大社东京分祠

来沾沾日本No.1恋爱神社的喜气

位于岛根县出云市的出云大社本社，供奉缔结良缘之神"大国主"，相传是No.1的恋爱神社，吸引了许多女性争相前往。但本社地处偏远，在东京游玩的女孩可来"出云大社东京分祠"，同样能获得大国主的恋爱加持！分祠隐身在六本木站附近的住宅区内，有别于传统的神社概念，其位于3楼，不抬头仔细看的话可能会错过这家知名的恋爱神社。想求姻缘的女孩们，别忘了花费百元求张姻缘签，看看神明是否有所指示，让你顺利找到Mr.Right。

P162G.B1 东京都港区六本木7-18-5 ソフィア六本木 3F 03-3401-9301 09:00~17:00 http://www.izumotai-sya-tokyobunshi.com 都营大江户线六本木站，4b出口步行约5分钟，东京Metro日比谷线六本木站，2号出口步行约2分钟

1 庄重而宁静的气氛。**2** 在主殿旁的祓社可除去身上的晦气，虔诚祈祷就可能会有好运哦。**3** 数量庞大的绘马。

4 步入参道：净身完毕后，前往本殿的道路即为参道一参拜的道路。道路中间为神明的道路，所以从礼貌上尽量不走正中间，稍微靠边走。**5** 塞钱箱：通常会投入5日元，代表结缘之意，因为"五円"（ごえん）的日文发音与"ご縁"（ごえん）相近。投入后，可以摇一摇箱上的铃铛，清脆的铃声像是呼唤着眼前的神明。**6** 虔诚参拜："二拜二拍一拜"——深深地鞠躬两次，接着在胸前拍手两次，在心中祈愿，最后再鞠躬一次。

002
とうきょうだいじんぐう

东京大神宫

1个月内找到Mr.Right的超灵验御守

　　首创"神前结婚仪式"的东京大神宫，是东京数一数二的超灵验恋爱神社，虽然其占地不大，但参拜的人总是络绎不绝。东京大神宫祭祀伊势神宫的天照皇大神与丰受大神。伊势神宫在日本人心目中地位非凡，相传每个人一生至少都要长途跋涉到伊势神宫参拜一次，由此可见如同伊势神宫分支的东京大神宫在日本人心中的重要性了。

　　东京大神宫最有名的即是"恋爱成就传说"，许多女孩在参拜后的1个月内就会遇见不错的对象，甚至进而发展恋爱关系，因此吸引了更多女孩慕名而来。女孩们若希望快快招来好姻缘，肯定要来这儿走一趟，有了神明加持，恋爱运一定会大大提升哦！

P159A-1.B2　东京都千代田区富士见2-4-1　03-3262-3566　08:00~19:00　http://www.tokyodaijingu.or.jp/　JR中央、总武线饭田桥站，西口步行3分钟，东京Metro有乐町线、南北线饭田桥站，B2a出口步行5分钟，都营东西线、大江户线饭田桥站，A4出口步行5分钟

1 恋爱成就"幸せ键守り"，800日元。 **2** 每个绘马都是一个女孩的恋爱愿望。 **3** 很国际化的英文签与有趣的血型签。 **4** 相当多的女性结伴来参拜，祈求好姻缘。 **5** 神社里有许多恋爱签筒。 **6** 参拜前需先洗手净口。

003
かんだみょうじん
神田明神

让千年的守护神来守护女孩的恋情吧！

　　神田神社创建于730年，是一家拥有1200年历史的古老神社，自德川家康建立江户幕府后，神田神社就备受幕府与百姓的尊崇，更有了"江户总镇守"的尊称，可以说是东京的守护神。神社内供奉三大神明：大己贵神、少彦名神和平将门神，从国运庇佑、消灾解厄、身体健康、考试顺利乃至招福开运，都在神田明神的管辖范围。其中，创建时期就设立的大己贵神（又称大国神），除了庇护国运昌隆之外，更主管夫妻和睦与缔结良缘，千年来他在东京守护了无数女孩的恋情。想要求一段好姻缘，不妨来参拜大己贵神，向他求个"縁結び御守护"吧！

📍 **P158A,C1** 🏠 东京都千代田区外神田2-16-2 📞 03-3254-0753 🕐 公共区域全天开放（参拜时间09:00~16:00）@ http://www.kandamyoujin.or.jp/ 🚉 JR中央线总武线．东京Metro丸ノ内线御茶ノ水站，圣桥口步行约5分钟，JR京滨东北线．山手线秋叶原站，电器街口步行约7分钟；东京Metro千代田线新御茶ノ水站圣桥口步行约5分钟；东京Metro银座线末广町站，3号出口步行约5分钟

给女孩的贴心小知识

似曾相识的画面？

　　神田神社华丽的外观，是许多日剧拍摄的重要场景之一，例如木村拓哉主演的《长假》；而每年5月中旬的"神田祭"，更与京都祇园祭、大阪天神祭并称为日本三大祭典。

1 神社内养的名为"明"的神马。2 气派的神田神社。3 神社里一排排的许愿灯。4 大门有一种庄严与隆重的气氛。5 在主殿旁的灯笼。6 位于路边的鸟居。

004
いまどじんじゃ

今户神社

招桃花又招财的抢手御守

喵~喵来良缘~
喵~喵来财运

今户神社为招财猫的发源地。传说在江户时代后期，住在浅草的一个老婆婆因为经济拮据，只好将爱猫送人。难过的她在当晚梦见了爱猫，猫咪对她说："婆婆若按照我的样子制作成人偶，一定会为您带来福德。"于是老婆婆醒来后请人制作猫形人偶，并拿到浅草寺附近叫卖。果然如猫所言，人偶大受欢迎，老婆婆好运接踵而至，招财猫也因此流传下来。

今户神社主殿外面摆着一对大型的夫妻招财猫，左边有斑点的花猫代表日本神话中的伊奘诺尊神，右边的白猫则为伊奘冉尊神。这对夫妻猫也因此被称为结缘猫，吸引了许多单身男女或情侣前来祈求良缘。除此之外，今户神社为浅草七福神的神社之一，所供奉的为福禄寿。这里除了祈求爱情良缘之外，也可以祈求幸福、平安与长寿。

P161E_D1 东京都台东区今户1-5-22 03-3872-2703 09:00~17:00 http://members2.jcom.home.ne.jp/imadojinja 东武线、都营浅草线、地铁银座线浅草站步行15分钟

1 从浅草站出发，步行15分钟即可看到今户神社。图为供游客参考的浅草周边地图，右上角即为今户神社。**2 3** 神社里的园艺造景充满了猫咪雕像。今户神社的结缘猫远近驰名，电视杂志争相报道。**4** 正殿里的福禄寿神像。**5** 今户神社正殿。**6** 今户神社的鸟居。**7** 著名的夫妻招财猫。

1 猿猴为日枝神社的神明使者。**2** 神社沉载着许多人的愿望。**3** 神社外观。

005

ひえじんじゃ

日枝神社

求良缘、夫妻美满

日枝神社里面奉祀的大山昨神，以猿猴的样貌呈现，自古就被认为具有除魔避邪的力量，而在日文中"猿"与"缘"同音，因此日枝神社成为日本人斩断烂桃花、结下良缘的参拜圣地。一进神社，回头即可看到神门两旁的夫妻猿，左边的母猿抱着孩子，象征着伟大的母爱，因此有许多信众也前来参拜，祈求安产得子。在这里可以看到许多以猿猴为设计主题的绘马及护身符。

P159A-2,A2 东京都千代田区永田町2-10-5 03-3581-2471 4~9月05:00~18:00，10月~次年3月06:00~17:00 http://www.hiejinja.net 东京Metro千代田线赤坂站，2号出口，步行3分钟；东京Metro南北线、银座线溜池山王站，7号出口，步行3分钟；东京Metro千代田线国会议事堂前站，5号出口，步行5分钟

006

ほんりゅういん

百年好合本龙院

祈求夫妻和睦 百年好合

本龙院供奉的主神为象头男女双身拥抱的欢喜天、十一面观音像，以及七福神之一的毗沙门天。在神社里到处可见大根（萝卜）和钱包的雕刻或图像。大根除了象征着健康的身体，又因为是成双交叠的设计，有成就良缘、保佑夫妻和睦相处之意；钱包当然就是代表财源广进、生意兴隆之意！而主神欢喜天被视为带来财运和福运的神。这里特别的是可看到主殿供奉桌上有成堆的萝卜塔。

P161E,D1 东京都台东区浅草7-4-1 03-3874-2030 4~9月06:00~16:30，10月~次年3月06:30~16:30 http://members2.jcom.home.ne.jp/matuti/index.html 东京Metro银座线、都营地铁浅草线浅草站，步行10分钟

供奉萝卜？代表什么意思呢？

1 销售部销售新鲜萝卜、鲜花，以及以大根为主题的绘马、存钱筒。**2** 入口外观。**3** 主殿外观。**4** 象征夫妻和睦的大根。

101

图片提供／KiiaKiia 艺术指甲沙龙

SPOT 4 WOMAN'S RELAXING TIME

放松疗愈

晚上找家美甲美发店，一扫整日的疲累

爱美是女人的天性。一整天在外奔波（其实是疯狂逛街血拼吧），最奢侈的期待莫过于有专人为你按摩。在东京随处可见各种美容店，包括美发、美甲、护肤Spa等。到了东京，不如宠爱自己一下。不用担心白天的游乐行程被耽误，这里有许多店家都开到深夜，让你鱼与熊掌兼得。

图片提供／KiiaKiia 艺术指甲沙龙

一晚就好！宠爱自己一下吧！

图片提供／KiiaKiia 艺术指甲沙龙

001
フリーブ

Freeve

弄个日本明星般的美美发型

位于年轻人闹区、3层楼的Freeve，除了一般的剪、染、烫服务之外，亦提供头皮深层Spa、美甲与美睫的服务。营业时间至23:00，让女孩们去派对之前可以做个美美的造型，抑或是一整天在外奔波后，来这边享受舒服的头皮Spa，放松一下。如果担心语言不通，女孩们可以找自己喜欢的发型图片供设计师参考，或是现场翻阅发型杂志，寻找中意的发型。

📍 P160C,B4 🏠 东京都涩谷区道玄坂2-28-4井门ビル1-3F 📞 03-5489-1139 🕐 周一到周五14:00～23:00，周六、周日12:00～23:00 📧 http://www.freeve.jp 🚇 东京Metro副都心线、银座线、半藏门线涩谷站1号出口，步行约2分钟

1 Freeve的外观。除了美发，Freeve还提供美甲与美睫服务。

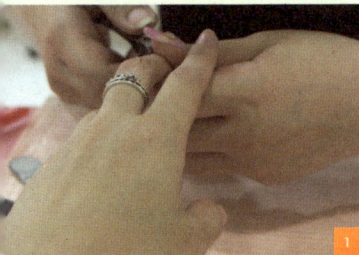

① 美甲师专业修甲中。② 比手画脚就可以沟通，挑选喜欢的颜色。③ 店家提供免费饮料。④ 小小的美甲空间就有7名以上的专业美甲师。⑤ 美甲师的魔法武器。

002
ネイル アミティエ
Nail Amitie

为宝贝指甲彩绘一下

说到指甲彩绘，来日本怎能不体验一下呢？新宿、涩谷、原宿等到处都可以见到美甲沙龙，从基本的修甲、死皮处理、基础上色，到立体粉雕、水钻拼贴、精致的光疗彩绘等，女孩们不妨选一家美甲沙龙试试，体验日本人亲切的美甲服务。女孩们之间最神奇的是，即使语言不通，也能比手画脚找到共同的话题。

📍 **P162F.C3** 🏠 东京都新宿区西新宿1-18-5 中冲ビル9F
📞 03-6302-0840 🕐 12:00～22:00
@ http://www.nail-amitie-shinju-ku.net 🚉 新宿站南口，步行1分钟

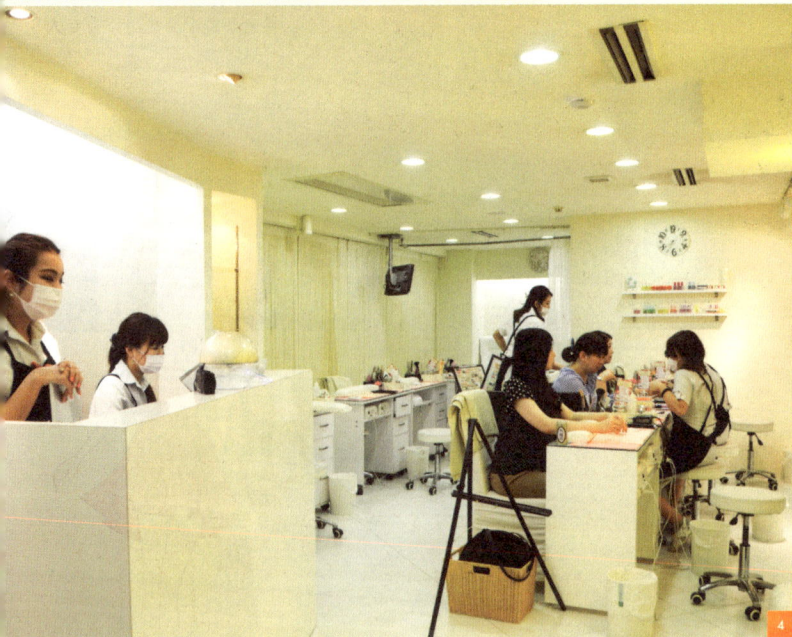

给女孩的贴心小帮手

美甲手指沟通表

不用开口，手指日语也能沟通
想要尝试美甲的女孩们，可以利用以下简易的分类表格，不用开口就能用手指沟通喔！

服务种类		风格		颜色			
ハンドケア 手部保养		シンプル 简约	フレンチ 法式	ピンク 粉红色		オレンジ 橘色	
フットケア 足部保养				ベージュ 自然肤色		イエロー 黄色	
ジェルネイル 光疗指甲				ホワイト 白色		ゴールド 金色	
				レッド 红色		シルバー 银色	
ネイルアート 指甲彩绘		カジュアル 休闲	ゴージャス 华丽	ブルー 蓝色		グリーン 绿色	
				パープル 紫色		グレー 灰色	

闪亮美景,
Catch!

SPOT 5 ROMANTIC NIGHT VIEWS

璀璨宝石

罗曼蒂克东京夜，免费的绝佳闪光景点大公开

在无数的日剧当中，美好恋情都在东京的夜晚诞生，女孩们怎能错过这样一片浪漫的美景呢？东京有相当多的展望台，包括晴空塔、六本木**ヒルズ**，都是知名的观景大楼。但是收费对于小资女孩来说，仍是一笔不小的支出。别担心！来瞧瞧这些免费的看夜景地点，带男朋友或老公到这些地方，一起享受两人的浪漫世界吧！

1 从观景区眺望的夜景。**2** 傍晚的黄昏美景。

001
惠比寿ガーデンプレイス

惠比寿花园广场大楼

看到钻石级的夜景！

惠比寿花园广场的38楼与39楼为餐厅区，在电梯出口处设置了两面大玻璃窗，游客可在此驻足赏景。由于大部分上来的为用餐人士，因此观景区比其他夜景大楼来得宁静。建议外带一杯咖啡上来，这里设有座位，女孩们可坐着观赏。傍晚望着黄昏美景，等待天空慢慢变暗，直到如璀璨宝石般的灯火映照在脚下，还有什么比这更罗曼蒂克的呢？

📍 P160C.C5 🏠 东京都涩谷区惠比寿4-20 惠比寿ガーデンプレイスタワー38、39F
🕐 21:00~24:00（元旦、2月第3个周日休息）💰 免费 @ http://gardenplace.jp 🚃 JR山手线惠比寿站，东口 Skywalk步行5分钟

104

002
涩谷ヒカリエ

涩谷 HIKARIE

低空夜景
超近距离的视觉感

　　涩谷的新地标"涩谷HIKA-RIE"位于车站附近，是一栋设计相当有特色的百货大楼，无论是品美食或逛流行小物，来"涩谷HIKARIE"一定能满足女孩们的需求。它位于东京最热闹的涩谷街头，最棒的是11楼的"Sky Lobby"，一整面落地大玻璃仿佛将涩谷街头踩在脚下，看惯了高楼景观，不如换个口味看看低空夜景，超近距离观赏五光十色的日本街头。这样的视觉享受是其他高空夜景无法比拟的！同一个楼层还设有咖啡厅与便利商店。

📍 P160C.C4 🏠 东京都涩谷区涩谷2-21-1涩谷ヒカリエ11F 📞 03-5468-5892（10:00~21:00）🕐 10:00~21:00（B3~5F杂货、百货）11:00~23:00（6F咖啡店、餐厅）11:00~23:30（7F咖啡店、餐厅，周日营业到23:00）11:00~20:00（8F展览场）💰 免费 @ http://www.hikarie.jp 🚃 东急东横线、田园都市线、东京Metro半藏门线、副都心线涩谷站15号出口直达、JR山手线、京王井之头线涩谷站，2F连接通道直达

1 从大楼放大摄影镜头看去，仿佛将涩谷街头踩在脚下。**2** 晚上看出去的景色。**3** 11楼的Sky Lobby。

003
カレッタ汐留

Carreta 汐留

幽暗的赏夜景空间 美景尽收眼底

　　知名度不高的Carreta汐留，虽离车站不远，但并不在闹市区中，所以晚间的人流较为稀少。47楼是景观餐厅楼层，但有一面玻璃供游客来此看夜景，在这里可以眺望东京铁塔、银座、筑地市场和台场的彩虹桥。Carreta汐留的展望区相比其他夜景大楼，算是比较宁静且无光害的，室内灯光昏暗，因此能不太受干扰地静静观赏。

📍 P162G.C1 🏠 东京都港区东新桥1-8-2 Carreta汐留46F 📞 03-6218-2100（9:30~18:00）🕐 11:00~23:00 💰 免费 @ http://www.caretta.jp 🚃 JR山手线新桥站，汐留口步行4分钟；都营大江户线汐留站，6号出口步行1分钟；都营浅草线新桥站，2号出口步行3分钟；东京Metro银座线新桥站，2号出口步行5分钟

1 在47楼拍的东京夜景。**2** 直达观景楼层的透明电梯。

004
新宿NSビル
新宿NS大厦

远眺东京铁塔的浪漫夜景

新宿NS大厦于1982年完工，英文"NS"分别是日本生命保险和住友不动产两家企业英文名称的首字母。NS大楼内部本身呈现挑高的天井状，现代与科技感的设计，相当特殊。大楼内有号称世界最大的摇摆式时钟，女孩们进入大楼时，别忘了拍照纪念一下。原本开放的30楼免费展览室，现已改为预约收费制的会议中心。不过29楼的餐厅楼层还是有几面玻璃可供游客免费欣赏夜景，除了能俯瞰周边的新宿区大楼群，还能远远眺望东京铁塔。这里最好的角度，莫过于透过直达电梯的玻璃眺望建筑群景色了，但电梯上上下下，想要捕捉眼前美景可真得靠运气了！

📍 P162F-B3 🏠 东京都新宿区西新宿2丁目4番1新宿ＮＳビル29F ☎ 03-3342-3755（平日9:00~17:00）🕐 11:00~23:30 ¥ 免费 @ http://www.shinjuku-ns.co.jp 🚇 都营大江户线都厅前站，A3出口步行约3分钟；JR山手线、京王线、小田急线新宿站，西口、南口步行约7分钟；东京Metro丸之内线新宿站，西口、南口步行约7分钟

1 挑高的NS天井大厅。2 可远眺东京铁塔。3 NS大厦外的入口处。

005
新宿中心ビル
新宿中心大楼

情侣谈心的好所在

新宿中心大楼为东京新宿区的摩天大楼之一，大楼的外观为巧克力般的咖啡色。地下一楼设有商店与餐厅。210米高的51楼为展望餐厅楼层，女孩们可以与另一半在这里享用罗曼蒂克的一餐；如果不想花费银两的话，在餐厅门口处设有一面朝南的窗户，女孩们仍可以欣赏免费的东京夜景。虽然室内光害稍显严重，不适合被当作拍夜景的地方，但也因来这里看夜景的人少，反而适合恋爱中的情侣在此赏景谈心。

📍 P162F-B2 🏠 东京都新宿区西新宿1-25-1 🕐 09:00~23:00 ¥ 免费 @ http://www.tatemono.com/buil/jan/jp1.html 🚇 JR小田急线、京王线新宿站，步行约7分钟；都营大江户线都厅前站，步行约2分钟；东京Metro丸之内线西新宿站，步行约3分钟

1 位于53楼的展望窗，半日人比较少，是个适合情侣们谈情说爱的秘密基地。

006
新宿住友ビル

新宿住友大楼

昔日第一高楼的第一夜景

外观呈三角形、被称为"三角大楼"的住友大楼，在1974年开业时曾是风光一时的日本第一高楼。在51楼有多家餐厅和居酒屋，分别面向新宿车站、东京都厅和西新宿车站，餐厅选择多，包括日式、意式、法式等。女孩们即使没有预算，也可以到东京都厅这一侧欣赏免费夜景。这里有一面相当大的玻璃，面朝西南方向，以免费展望室的角度来看，算是相当不错的一个观景场所了。此处人也不多，但由于室内光害较严重，并不适合作为夜景拍照的地点，不过从窗户看出去，左右两边的视野其实都蛮不错的。

📍 P162F.B2 🏠 东京都西新宿2-6-1（51F）📞 03-3344-6941 🕙 10:00～22:00（2月第3个周日、8月第2个周日、12月31日、1月1日休息）¥ 免费 @ http://shinjukusankaku.jp 🚇 都营大江户线都厅前站，A6出口直达；JR线小田急线、京王线新宿站，步行约8分钟；东京Metro丸之内线西新宿站，步行约5分钟

1

1 新宿住友大楼入口处的告示牌。2 从免费展望室眺望的华丽夜景。

在美景中呼唤爱情～

2

给女孩们的贴心小语

更多夜景好去处

六本木展望台

六本木展望台虽然需要付费，但是由于其位于东京正中心的极佳地点，所以相当值得推荐，营业至凌晨01:00。喜欢将行程塞得满满、预算充足的女孩，不妨来这里瞧瞧！

@ http://www.roppongihills.com/tcv/jp ¥ 1500日元

新宿东京都厅

东京市政府的双塔大楼，有南北两个展览室，这里都不能使用三脚架。南展望室的视野较好，但傍晚就闭馆了。北展望台营业时间较长，内有博物馆，可顺道带点纪念品回家。

@ http://www.yokoso.metro.tokyo.jp/index.htm

107

日本居酒屋在结账时，除了加收8%税金与10%服务费外，另会加收每人约500日元的座位费。店家会在上菜时随机附赠小菜以表示招待之意，这是居酒屋文化的一环。

SPOT 5 THEME IZAKAYA

特色居酒屋

夜晚好"食"光，灯光美、气氛佳

行程再忙再赶，若有闺蜜结伴来东京的话，千万不能错过夜晚的特色居酒屋！这里介绍的居酒屋，搜罗了最让女孩们心动的3种风格，从童话梦幻国度、京都怀旧风情到神秘的欧洲"吸血鬼"，无论是文艺系女孩、流行系女孩、轻龄女还是熟龄女，全都难以抗拒！

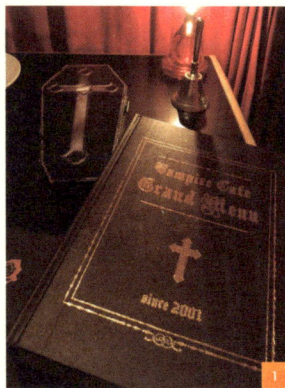

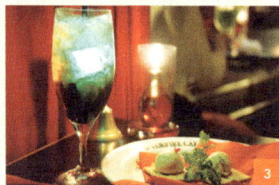

001
ヴァンパイアカフェ
银座VANPIRE CAFÉ

视觉系"吸血鬼"伯爵等待少女的光临

位于银座的"VANPIRE CAFÉ"，用餐氛围相当独特，昏暗的室内点着几盏蜡烛与微弱的红光，仿佛真的来到了"吸血鬼"的豪宅。店里有暗黑女仆装的女店员和画着夸张眼妆、身穿奢华服装与黑色斗篷的"吸血鬼"男店员。每道菜皆以玫瑰、地狱、鲜血、墓地等关键字为主题，摆盘也别具视觉效果。由于座位不多，需事先订位！

P161D.A2　东京都中央区银座6-7-6 La Paix BUILD-
ING 7F　03-3289-5360　17:00～23:30　平均2600日元
http://www.diamond-dining.com/shops/vampire/　东京
Metro银座线、日比谷线、丸之内线银座站，B5出口步行2分钟

1 菜单与服务摇铃，需要"吸血鬼"来为女孩们服务吗？摇一下桌上的摇铃吧！
2 幽暗的"吸血鬼"大宅氛围。3 开胃小点与饮品，姜汁汽水，900日元。

002
迷宮の国のアリス

迷宫之国爱丽丝

滴答！滴答！
再不快点兔子就不见了！

　女孩们小时候一定都看过《爱丽丝梦游奇境》吧？身穿水蓝色洋装的爱丽丝、赶时间的兔子公爵、紫色斑纹的神秘猫咪、黑桃红砖扑克牌兵团……许多天马行空的角色与情境，即使长大了仍觉得奇幻，总希望有一天可以和爱丽丝一起走入梦境。业者为了满足女孩们的浪漫愿望，在东京开了6家爱丽丝主题餐厅，依照故事里的情境，每个分店都各异其趣，从餐厅装潢、餐点设计到服务生的穿着，都十分讲究。

📍 P160C.B4 🏠 东京都涩谷区宇田川町16-9ゼロゲートB1 ☎ 03-4570-0489 🕐 午餐11:00~16:00（L.O.15:30）、晚餐17:00~23:30（L.O.23:00）💴 平均3000日元 @ http://www.alice-restaurant.com 🚉 JR 涩谷站步行5分钟

1 大型的珠宝旋转木马，为一格一格的座位区。2 兔子造型的奶油蝴蝶面，1100日元。3 卡哇伊的爱丽丝店员亲切地解说餐点。

003
京町恋しぐれ

新宿京町恋

浪漫怀旧的京都日式风格的居酒屋

　它位于新宿武藏野会馆6楼，电梯门打开的瞬间，映入眼帘的是穿着和服的侍女以及相当典雅的京都风装潢，与楼下的新宿闹市区形成强烈对比。餐厅面积宽阔，有许多木造小屋、小桥与人造樱花树，高高低低的个室堆叠出空间感，蜿蜒的动线设计让人仿若置身京都一隅。从三五好友小聚到公司员工聚餐，各自独立的空间让顾客感到轻松自在。

📍 P162F.C2 🏠 东京都新宿区新宿3-27-10武藏野会馆6F ☎ 03-5360-7644 🕐 17:00~04:00（周二17:00~23:00）💴 平均4000日元 @ https://twitter.com/KoishigureShin 🚉 东京Metro丸之内线、都营大江户线新宿站A7出口步行约3分钟，JR山手线新宿站，东口步行约2分钟

1 蜿蜒的店内小路，各由自己的街道名称来表示区块。2 饮品"时雨神社で相合伞"，气泡梅子沙瓦，609日元。

DELICIOUS FOODS IN TOKYO

美食东京

神啊，请让我
再瘦1公斤！

　　每次在电视上看到日本人介绍美食，恨不得冲进屏幕里把艺人们手中的美食抢走。虽然在中国也能吃到许多好吃的日本料理，但既然来到东京，当然就要吃地道的日本美食，拉面、生鱼片、鳗鱼饭等赶紧列上清单吧！除了热量可能惊人但却无法抗拒的美食外，怕胖的流行系女孩们不妨尝试蔬食料理，不仅热量低而且健康好吃。美食系女孩请注意，想要吃遍美食的你们，千万别错过路上的人气小点。

DELICIOUS FOODS IN TOKYO

☐ **Spot 1** 美食女孩们吃不腻的好滋味

美食不孤单 Must-eat Foods

☐ **Spot 2** 轻食、蔬果、低热量！女孩的减肥必选

蔬食料理 Healthy Foods

☐ **Spot 3** 路过不尝会遗憾的精彩小食

超人气小点 Popular Snacks

bills

美食不孤单

美食女孩们吃不腻的好滋味

来到东京，女孩们除了血拼购物之外，怎么能错过美食呢？不用一早冲到筑地市场就可以吃到物美价廉的生鱼片大餐；莱昂纳多·迪卡普里奥都赞不绝口的"世界第一蛋"料理早午餐；东京OL无法抗拒的25层炸猪排饭；仰望东京铁塔的江户庭园梦幻怀石料理。史上最强，女孩特选不能错过的东京美食绝赞篇！

> 错过这些美食会心痛的。

001

キムカツ・ゲンカツ

Kimukatsu・Genkatsu

东京白领最爱 25层明星级猪排饭

一听到炸猪排饭，女孩们就开始流口水了吧？但下一秒联想到炸猪排的油腻感，又倒退三吧吗？不如尝试这家东京OL大推的梦幻25层猪排饭吧！**キムカツ**猪排是由25层的高品质里脊薄片堆叠而成，采用低温油炸的料理方式，最后多了一道蒸的程序，封住了鲜美肉汁，咬下去酥脆多汁不干硬。7种口味包括原味、黑胡椒、蒜味、起司、青葱、梅子和柚子，实在令人大为惊艳！

1 酥脆多汁的**キムカツ**猪排，由25层里肌薄片堆叠而成。2 浅草分店外的招牌。

📍 **P161E_C2** 🏠 东京都台东区花川户1-4-1 浅草EKIMISE 7F（浅草EKIMISE店）📞 03-5828-2941 🕐 11:00~22:00(L.O. 21:30) @ http://www.kimukatsu.com
🚃 东武晴空塔线浅草站直通，东京Metro银座线浅草站步行1分钟；都营地铁浅草线浅草站步行3分钟

东京芝豆腐屋

远离尘嚣 美食胜景尽收的梦幻怀石料理

  如果在一趟东京旅程中只能选择吃一次高级的日本料理，那么绝对推荐这家美味健康又充满诗情画意的梦幻怀石料理"東京芝とうふ屋うかい"。它占地6600平方米、坐落在东京铁塔下，是一家传承江户饮食文化的豆腐怀石料理店。从大门走入庭园，仿佛回到日本江户时代，如诗画一般的园艺景色映入眼帘。在让人惊叹的景致背后，吸引饕客前往的是这里的灵魂——豆腐。使用地下120米的清澈井水，磨碎精选的顶级黄豆，制成入口即化的豆腐料理；陶锅内的纯白汤汁浸泡着水嫩豆腐，以最简约的做法呈现了清醇豆味，让人沉醉不已。一道道摆盘如艺术的料理，每一口都能尝出料理师傅的用心。此时探向窗外美景，在枝叶摆动中渐渐沉淀杂乱的心思，眼前的东京铁塔始终蕴含沉稳内敛的诗意，这是东京之旅中最静谧浪漫的时刻了。

P162G.B1 东京都港区芝公园4-4-13 03-3436-1028 11:00~22:00 平日午餐6124日元起、晚餐与假日9677日元起 http://www.ukai.co.jp/shiba 都营大江户线赤羽桥站中之桥口步行7分钟；东京Metro日比谷线神谷町站，1号出口步行9分钟；都营三田线芝公园站A4出口步行7分钟、御成门站A1出口，步行8分钟

在东京铁塔下的怀石料理绝对值得一尝。

1 每道料理都像是艺术品。 2 抬头即是东京铁塔。 3 红伞流水的景致，女孩们可以狂拍照的庭园。 4 精致的丝瓜虾仁。 5 东京芝豆腐屋外观。

我终于享用到经典的贵妇早餐了！

003
ビルス
bills

贵妇必访的
《纽约时报》评选的"世界第一蛋"
料理

总店在悉尼、被《纽约时报》评为"世界第一"的早餐店"bills"，位于东京闹市区表参道 Tokyo Plaza 的 7 楼。主厨 Bill Granger 为澳大利亚人，无师自通的他，24 岁便能在悉尼开了第一家店，很快以招牌炒蛋以及松饼打响了名号。由于其学生时代曾到访日本，深受日本文化吸引，便于 2008 年在镰仓七里之滨开了第一家海外分店，顾客们可以一边享受美食，一边欣赏眼前一望无际的海景，十分惬意。之后他延续第一个分店明亮开阔的风格，陆续于横滨、台场、表参道开店，每家店在当地的人气始终高居不下，大排长龙。蜂蜜奶油香蕉松饼 "ricotta hot-cakes, fresh banana and honeycomb butter" 为人气餐点，三层的松软热腾腾的招牌松饼，淋上蜂蜜奶油，与香蕉成为绝配的美味，成功征服了东京女性的味蕾，几乎在每桌都能看到这道经典料理；加上包着夏威夷豆佐以新鲜 Ricotta 起司的 scone，咬下去的瞬间，幸福感狂升！

📍 P160 C.C3 🏠 东京都涩谷区神宫前 4-30-3 东急プラザ表参道原宿 7F 📞 03-5772-1133 🕐 08:30~23:00（L.0. food 22:00、drink 22:30）@ https://bills-jp.net 🚇 东京 Metro 千代田线、副都心线明治神宫前站，步行 5 分钟

1 光线充足又有文艺气息的用餐环境。
2 经典的招牌炒蛋。**3** 下午茶时段客满中。**4** 鲜艳的 bills 专属杯垫与好吃的夏威夷豆司康。**5** bills 表参道分店位于东急プラザ（Tokyu Plaza）7 楼。

004
みみう
美々卯

手脚冰冷的女孩暖胃上选 百年乌龙面

　　创始店位于大阪、有200多年历史的老铺料亭"耳卯楼"，于1925年更名为"美々卯"，以面类料理为主，一直以来坚守着日本传统的美味，亲自前往农家挑选当令食材，确保料理的新鲜；面条也由自家工厂制作，非常讲究食材的品质。乌龙面与锅物为美々卯的招牌，特别适合寒冬享用。店内装潢以木头为主，传统日式风格给人静谧的放松感。"卯"字在日文中代表兔子，因此从店里的摆设处处可以看到招牌小兔子的身影。

📍 P160C.C4 🏠 东京都涩谷区涩谷2-21-1 涩谷ヒカリエ 6F（涩谷ヒカリエ分店）📞 03-6434-1454 🕐 11:00～23:00（L.O. 21:30）@ http://www.mim-iu.co.jp 🚃 东急东横线、田园都市线、东京Metro半藏门线、副都心线涩谷站，15号出口直达；JR山手线、京王井の头线涩谷站，2F连接通道直达

1 玉兔造型的牙签筒。2 美々卯讲究新鲜自然的食材，坚守着日本传统的美味。

1

005
うおきん
池袋鱼金

媲美筑地市场、性价比高的生鱼片料理

　　走进"池袋鱼金"，感觉像走进典型的日剧场景里。穿着西装的上班族在一天的忙碌后，一起聚在居酒屋里应酬，店内此起彼落的"かんぱい"（干杯）声，配上无拘无束的欢笑，让进店的顾客都被这热闹气氛感染。"池袋鱼金"每晚高朋满座、饕客络绎不绝，其秘密武器就是"刺身の6点盛り"生鱼片拼盘，几乎每桌都能见到这份餐点。虽称"6点盛り"，但生鱼片种类可不止6种，依照季节规划的内容，通常会多达12种海产，而且一盘才1980日元，简直让人为之疯狂！不过，"刺身の6点盛り"的分量实在惊人，如果只有两三个女孩结伴到东京旅游，可以选择1280日元的"刺身の3点盛り"，里头多达7种海产，也能让女孩们吃得超过瘾了！想尝新鲜、大碗又便宜的生鱼片，再来杯冰凉的啤酒吗？来"池袋鱼金"准没错！

📍 P163L.A1 🏠 东京都丰岛区西池袋1-35-8 东海ビル1F 📞 03-3986-2738 🕐 10:00～21:00（假日营业至20:00）¥ 2000日元起（人均消费）@ http://uokingroup.jp/index.html 🚃 JR山手线、东武东上线、西武池袋线池袋站西口步行2分钟；东京Metro有乐町线、丸ノ内线池袋站C9出口步行2分钟

给女孩的贴心小提醒

　　"池袋鱼金"在结账时会额外向每人收500日元的座位费，这是常见的日本居酒屋文化，绝不是看女孩们是外来的就故意多收钱。当然，在送餐时也会多附上一份小菜，至于小菜的内容则由店家决定。

1 客满状态，大都是下班后的同事或朋友聚餐。2 CP值超高又新鲜的必点招牌"刺身の3点盛り"，1280日元。3 清爽的美乃滋鲑鱼炙寿司，一份7个/680日元。

3

006
はしもとうなぎや
はし本鳗鱼饭

日本桥鳗鱼饭老铺—在简单中吃出美味

鳗鱼饭看似简单，但从鳗鱼的挑选、酱汁的做法、串烧技术到烘烤火候，想做出完美的鳗鱼饭，料理师傅说："这是一辈子的修炼！"拥有70年历史的鳗鱼饭老铺"はし本"，精选石川县产的优质越光米，上面铺上宫崎产的上等日本鳗鱼，搭配浓缩历史精华的酱汁，让人回味再三。"はし本"也提供日式套餐和一般串烧，但只有鳗鱼饭能以便当形式外带。"うな重"（鳗鱼饭）一共分为3种分量，分别是：**い**（一只）、**ろ**（一只半）、**は**（二只）。下午17:00据说是鳗鱼饭最新鲜的时候，但是想外带鳗鱼便当的女孩们可要耐心等候了，因为现点现做的鳗鱼饭需20～30分钟慢慢烹调，才能呈现完整美味！

📍P161D.B1 🏠东京都中央区八重洲1-5-10 📞03-3271-8888 🕐11:00～15:00及17:00～22:00（L.O.21:30）,周六营业时间11:30～15:00、周日及假日休息 ¥3300日元起 @ http://www.unahashi.com 🚃东京Metro东西线、银座线日本桥站B3出口步行约2分钟

1 包装相当讲究的外带便当。2 让人看了口水直流的鳗鱼便当，3300日元。

007
はなむさし
日本料理"花むさし"

忘却都会烦恼的女子日式小宴会

来日本一定要吃地道的日本料理。

"花むさし"是东京大都会酒店里的一家餐厅，有一种闹中取静的感觉。"花むさし"的空间不小，但动线设计曲折而隐秘，内有半开放式的隔间包厢，让客人能不受拘束地谈话，非常适合闺密们在此聚会谈心。套餐料理相当精致，每道菜分量不多，但从食材的挑选、烹调到摆盘搭配，都能感受到餐厅的用心。主厨每季变换套餐的主题，让客人在惊艳的创作和食中吃到传统又扎实的美味。

📍P163L.A2 🏠东京都丰岛区西池袋1-6-1东京大都会酒店2F 📞03-3980-7724 🕐11:30～15:00（L.O.14:30）、17:30～22:00（L.O.21:30）¥平均3500日元 @ http://www.metropolitan.jp/restaurant/hanamusash 🚃JR山手线池袋站，西口步行2分钟；东京Metro有乐町线池袋站，西口步行1分钟

1 精致的旗鱼、鲔鱼生鱼片。2 清爽的螺肉沙拉开胃菜。3 繁忙都市中的安静角落。4 色香味俱全的小点。5 来一杯啤酒吧！6 不甜不腻的手工香草鸡蛋布丁。

008
やよい軒

弥生轩

省荷包的美味定食
平价连锁美食No.1

　　东京物价惊人之高，在血拼预算有限的情况下，往往最先牺牲的就是饭钱（当然美食女孩们除外），不是在便利商店随便买买，就是孤单地啃面包。但女孩不需要这么可怜！网友评比第一、CP值超高的连锁定食"弥生轩"，定食套餐包括主菜、小菜、汤品及白饭吃到饱，平均价格才600~900日元！

📍 **P162F, B1** 🏠 东京都新宿区西新宿7-21-21西新宿成和**ビル**1F（西新宿店）📞 03-5332-3196 🕐 11:00~23:00 @ http://www.yayoiken.com 🚇 东京Metro丸之内线西新宿站，1号出口步行3分钟

1 弥生轩采用自助点餐方式，进门后先找机器点餐，将券放在桌上后，店员会撕走一半，等一会儿就会送上热腾腾的餐点！**2** 弥生轩（西新宿店）店门。**3** 性价比高的定食套餐，图为汉堡排炸虾套餐。**4** 猪排牛肉套餐。

009
みつやどうせいめん

三ツ矢堂制面

让女孩们爱恨交织的香浓起司沾面

　　香浓起司沾面是将冰凉的起司酱淋在香弹的面条上，搭配热乎乎的沾汤，滑顺而不腻的口感让女孩们为之疯狂。其严选日本产特级糕点用料，自制面条拥有独特麦香；可以自由选择4种温度的面条，享受不同的面条口感。在"三ツ矢堂制面"独门蘸酱中，还有他们经过无数次试验才成功的特制柚子酱。而店内也很贴心提供纸巾围裙，让女孩们大口吸面也不必担心酱汁会弄脏身上衣物。

📍 **P163J, B1** 🏠 东京都目黑区上目3-3-9 第2牡丹**ビル**1F（中目黑店）📞 03-3715-0079 🕐 11:00至次日2:00（L.O.次日1:30）@ http://idc-inc.jp 🚇 东急东横线、东京Metro日比谷线中目黑站步行2分钟

1 在中目黑站出口即可看到中目黑分店。**2** 可以向店员索取中英文的菜单，热门餐点还附上图片，女孩们用手指就可以点餐了。

蔬食料理

轻食、蔬果、低热量！女孩的减肥必选

　　身为爱美女孩，永远觉得自己该再瘦2公斤，但一来到东京这个美食之都，三餐豪华料理外加下午茶甜点，忍不住每一样都想品尝。女孩们要如何在疯狂的东京美食诱惑中继续维持美美的身材呢？东京的有机野菜能让女孩们吃出漂亮好气色，趁机来均衡一下营养吧！

001
オーガニックハウス

Organic House

来去野餐　超赞的自助式野菜便当

　　相当注重女孩热量与健康平衡的轻食系"Organic House"，每样料理的食材来源及配料源头都会在食材板上被清楚交代，食材全都来自有机栽培的农产地，女孩可以在餐台上随意夹取自己想要的分量，最后一次性结账。"Organic House"也推出便利民众的方式，柜台上放了许多组合好的野菜便当，女孩们可以外带到公园野餐，而且便当每日都会推出不同的菜色，就算从周一到周五都来买也吃不腻哦！

🗺 **P158A,B4** 🏠 东京都千代田区丸の内2-4-1 丸の内ビルデイング B1F 📞 03-6269-9181 🕐 周一至周六11:00~21:00（L.O.20:30），周日与假日11:00~20:00（L.O.19:30） ¥ 670日元起 @ http://www.e-organichouse.com 🚉 JR山手线东京站丸之内中央口步行3分钟；JR总武线东京站4号出口步行1分钟；JR京叶线东京站10号出口步行2分钟；东京Metro丸之内线东京站，4b出口步行1分钟

1 位于丸之内大楼地下1楼美食街中。**2** 健康的低热量便当，670日元。

002
サラダデリ MARGO
Salad X Deli MARGO

无论男女都喜爱的有机野菜专门店

　　"MARGO"颠覆了沙拉只能当副食的概念，这里将沙拉当作主食销售，容器比脸还大，连成年男子吃完都要喊饱！才开业没多久它就被女性杂志与新闻争相报道，连附近的上班族西装男士也在这儿用餐，看起来崇尚自然、爱好健康的饮食方式也在男生之间开始流行起来了。而这里的点餐方式很easy，基本的沙拉底一碗是600日元，可以依照个人喜好加入其他配料与特制酱汁；或可选择850日元起价的主厨特制沙拉，从意大利、亚洲到纽约等各种风格的主题沙拉，让人难以抉择！

📍 P161C.A1 🏠 东京都涩谷区本町3-9-3 📞 03-5302-1808 🕐 周一到周五11:00～22:30，周六日与假日11:00～19:00 💴 650日元起 @ http://margo.co.jp 🚃 都营大江户线西新宿5丁目站，A2出口步行1分钟

1 附饼皮，可以将生菜包入，改变一下口感。2 店外摆设的沙拉模型和色彩缤纷的菜单，看了让人食指大动。

003
かわらカフェ＆キチン
kawara CAFE & KITCHEN

分量大又健康的时尚蔬食套餐

　　"SLD"是日本一个以活动空间运用闻名的集团，擅长将音乐、酒类、美食、艺术、灯光、人文组织在一起，走在引领餐饮业改革的蓝海上。"SLD"旗下的酒吧与餐厅的数量超过50家，其中不乏以"时尚、健康、创新"为宗旨的餐厅，"kawara CAFE & KITCHEN"就是其中一家。店内放置许多让人放松心情的绿色植物，加上自然风格的木头装潢。kawara CAFE & KITCHEN也不忘将DJ台和华丽的吊灯以低调的方式融入空间里，兼具时尚都市与自然现代感的空间，让女孩们可以完全地放松心情。位于吉祥寺PARCO里的kawara CAFE & KITCH-EN，有许多带着小孩逛街的主妇前来用餐。这里的套餐讲求健康与自然，主妇们也相当放心让孩子一起享用。除了新鲜美味的沙拉与蔬菜渍物之外，主菜也含有大量的蔬菜配料，加上一碗五谷杂粮饭和浓浓的味噌汤，女孩们既能吃得饱又不会觉得有太大负担！

📍 P163M.B1 🏠 东京都武藏野市吉祥寺本町1-5-1 吉祥寺パルコ7F 📞 03-2227-2243 🕐 11:00～21:00 💴 930日元起 @ http://www.sld-inc.com/kawara_kichijoji.html 🚃 JR山手线池袋站东口步行2分钟，东京Metro有乐町线池袋站，38出口步行1分钟

1 店门口放着五彩缤纷的食物模型。2 每周更换的kawara定食，980日元。3 让人放松心情的一家餐厅。4 绿意盎然的店内，DJ台随时能通过控制音乐改变店里的氛围。

004
さんるーむ

Sunroom

有机食材大安心　女孩吃不胖的定食

回归原始做法，用干净水源与丰沃土壤种出的有机野菜，以最简单的日式家庭料理方式呈现，像是小时候吃到的"妈妈的味道"，给人一种怀旧的感觉。标榜"安心、安全、健康"，食材都相当有机，无农药，也不含人工色素、香料或防腐剂，更不使用基因改造的食材。Sunroom在日本一共拥有超过20家的分店，大多坐落在大型购物商场的美食区或商店街，纯天然的有机食材和季节性更换的新鲜野菜，受到养生族群与女性的喜爱，就连甜点都用健康黑糖或当季莓果制作，饮料也有相当养生的五谷茶或生姜茶，等等。虽说Sunroom的餐点以日式家常风味定食为主，但喜欢西式料理的女孩在这里也可吃到有机野菜意大利面。逛街之余，不妨摒弃高热量食物，选择能吃得健康又安心的Sunroom吧！

📍 P158A.C1　🏠 东京都千代田区神田花冈町1-1 ヨドバシAKIBAビル8F　📞 03-5289-7720　🕐 11:00~23:00　💴 400~1500日元
@ http://www.shizenshoku-sunroom.com/
🚃 JR山手线秋叶原站，昭和通り口步行1分钟；东京Metro日比谷线秋叶原站，3号出口步行1分钟

1 美味又健康的汉堡排定食。 2 店面在AKI-BAビル8楼的一隅，适合来逛AKIBAビル的女孩顺道享用健康美食。 3 宁静的店内用餐区。 4 健康的生菜沙拉。

逛**百货**也**能找到**的**蔬**食

R1/F SOZAI

在很多百货公司或车站中经常都能见到这家"R1/F SOZAI"，其同样以沙拉、水果与蔬食料理为主的外卖服务，想吃多少分量就买多少分量，一样能使女孩们在逛街时补充精力，又不至于增加太多体重！

@ http://www.rf-one.com

想吃经典点心就要看这篇啦！

超人气小点

路过不尝会遗憾的精彩小食

东京除了是美食和下午茶的天堂之外，还有许多来自世界各国的人气小点，从法国、意大利到夏威夷，无论是精致犹如珠宝的蛋糕，还是甜滋滋如恋爱感觉的点心，在东京都能找到让女孩味蕾满足的食物。此外，品尝地道的日式小点与融合创意的新式甜点，也是女孩此行绝对不可错过的！

001
きむらや
银座 木村屋（总本店）

3

让人爱到心坎里的酒种面包

拥有150年历史的木村屋，可说是东京人从小吃到大的传统口味，百年前的"酒种小仓"（红豆面包）是木村屋最自豪的产品。使用酒种酵母制作面包相当费时，无论香气、口感、嚼劲，都比普通面包更美味，进贡到皇宫里也大受日本天皇赞赏，好吃的程度可说是有皇室金牌保证！现今木村屋也研发了豌豆、栗子等口味的酒种面包，其中能与红豆齐名的就属"樱花酒种面包"了——将腌渍过的樱花放入面包中，酸酸甜甜相当开胃，与松软可口的面包搭配在一起真是绝佳组合。

1 1楼的面包店，顾客总是川流不息。
2 擦手的湿纸巾封面是很特别的漫画涂鸦。**3** 店内主打商品"小仓"（红豆面包），162日元。

📍 P161 D,B2 🏠 东京都中央区银座4-5-7银座木村家2F
📞 03-3561-0091 🕐 10:00～21:00（L.O. 20:30）（除夕、元旦公休）¥ 162日元起 @ http://www.ginzakimuraya.jp 🚇 东京Metro银座线、丸之内线、日比谷线银座站，A9出口步行1分钟

002
あさくさかげつどう

浅草 花月堂

浅草雷门烤菠萝面包

　　走进雷门之后，沿"仲见世通り"逛一阵子，会在右手边看到木村屋，右转就能看到里面相当具有日本风味的"花月堂"。这里的烤菠萝面包远近驰名，比脸还大的面包，刚出炉的时候香气四溢，让人难以抗拒；一口咬下，外酥内软，就算放凉了也还是很好吃。除了烤菠萝面包外，各式口味的霜淇淋也是特色商品，浓郁的奶香让人吃完一只忍不住想再买一只。"花月堂"每到周末假日就会涌现人潮，不过能吃到超赞的烤菠萝面包和霜淇淋，排队也是值得的!

📍 P161E.C2　🏠 东京都台东区浅草2-2-10
📞 03-3847-5251　🕘 09:00~17:00　¥ 200日元起
@ http://www.asakusa-kagetudo.com　🚇 都营浅草线、东京Metro银座线浅草站1号出口步行约5分钟

1 烤菠萝面包，200日元。2 整柜的菠萝面包，看着就让人口水直流。3 古朴的店内。

003
ヒデミ・スギノ

银座 HIDEMI SUGINO

世界冠军甜点　五星级华丽创意蛋糕

　　主厨"杉野英实"是日本甜点界的传奇人物，他曾在法国学艺，并于世界甜点大赛上获得优胜，凡出自他之手的甜点都让人无可挑剔，堪称甜点界的五星级艺术品。这里的蛋糕精致，价格不菲，而且有相当多的规矩，比如不能拍照、外带每人限定6个、特定蛋糕只能店内用等，不过这些都无法阻挡女孩们品尝世界级甜点的决心!

📍 P161D.B2　🏠 东京都中央区京桥3-6-17 京桥大荣ビル1F　📞 03-3538-6780
🕘 10:00~19:00（周一及假日隔天公休）　¥ 650日元起　🚇 东京Metro银座线京桥站2号出口步行2分钟，东京Metro有乐町线银座一丁目站7号出口步行3分钟，都营浅草线宝町站A3出口步行3分钟

1 位于巷弄里的低调店铺，不仔细看可能会错过。2 纸袋的颜色非常高雅，当伴手礼也不失礼。3 五星级的美味享受。

004
ぎんざかずや
银座 かずや

比麻糬更软、比布丁更弹的和风甜点

"银座かずや"隐身在日比谷站的旧大楼松井**ビル**中，不到6.6平方米的店铺，很容易不小心错过。其主打商品"**かずやの炼抹茶**"是一种比麻糬更软、比布丁更弹的和风甜点，口感滑顺；它融合抹茶精致的香味与优雅的苦味，在神奈川县的名果展中得到技术大奖，因此备受关注。这家店的营业时间特别短，女孩们路过银座时一定要进来找找，有缘就吃到。

📍 P158A.B5 🏠 东京都千代田区有乐町1-6-8 松井**ビル**1F 📞 03-3503-0080 (11:30~15:00) 🕐 11:30~15:00 (周日与假日公休，平日不定休) ¥ 1100日元 @ http://www.ginzakazuya.com 🚉 JR山手线有乐町站日比谷出口步行3分钟，东京Metro千代田线、日比谷线日比谷站A4出口步行1分钟，东京Metro银座站C1出口步行2分钟

1 口感独特的日式点心。2 位于大楼内长廊一角的小店铺。

005
キョウバシセンビキヤ
东京车站 京桥千疋屋

顶级水果冰淇淋下午茶

"京桥千疋屋"是拥有上百年历史的日本国产水果专卖店，经过百年时间，从原本的专卖水果逐步拓展出水果甜品、冰品、饮料等事业，如今"京桥千疋屋"跻身下午茶咖啡店的行列，成为年轻女性喜爱的甜点名店之一。"京桥千疋屋"的水果非常新鲜，甜度与品质也极佳，将水果融入松饼、冰淇淋圣代、蛋糕、果冻等甜点中，选择性丰富多样且具有创意，还会不时推出季节限定水果甜点。

📍 P158A.C4 🏠 东京都千代田区丸之1-9-1东京车站一番街B1 📞 03-3212-2517 🕐 08:30~20:30 (周六、周日与假日08:30~20:00) ¥ 864日元起 @ http://www.senbikiya.co.jp 🚉 JR山手线东京站、东京Metro丸之内线东京站，八重洲地下中央票口外左转

1 各种水果果汁与腌制水果罐头。2 水果圣代与三明治套餐，1620日元。3 灯光好气氛佳的店内用餐区。

006
シレトコドーナツ
东京车站 Siretoco Donuts

卡哇伊的熊猫躲进甜甜圈

"Siretoco Factory"走红网络团购圈，以北海道自豪的牛乳制作的霜淇淋与生牛奶糖为人气主打。近几年来研发了超卡哇伊的甜甜圈商品"Siretoco Donuts"，可爱的熊猫头探出甜甜圈，融化一众少女心，才推出3年就狂卖超过250万个！

📍 P158A.C4 🏠 东京都千代田区丸之内1-9-1东京车站 🕐 10:00~20:00 ¥ 290日元起 @ http://www.rakuten.co.jp/yoitoko-style 🚉 JR山手线东京站、东京Metro丸之内线东京站，车站八重洲南票口站内商店街步行约3分钟

1 一个熊猫头就这么探出甜甜圈。2 每只熊猫都在等待一个女孩来领它回家。

007

はらじゅくカフェクレープ

原宿 Cafe crepe

少女为之疯狂的蛋糕松饼

原宿的招牌小点就是可丽饼，现做的薄饼裹住新鲜的水果、香浓的鲜奶油、各式美味的配料，变化性多而且口味丰富，相当受时下年轻人的喜爱。Cafe crepe号称"可丽饼始祖"，除了一般较为常见的冰淇淋之外，Cafe crepe的松饼还有蛋糕内陷，无论巧克力蛋糕还是起司蛋糕，一次整块夹在松饼里，一口咬下真是大满足！女孩们来到这儿就别怕发胖了，没吃过蛋糕松饼就不算来过原宿啦！

📍 P160C.C3 🏠 东京都涩谷区神宫前1-11-6 📞 03-3497-0030 🕐 平日10:30~22:00，假日10:00~22:00 💴 400日元起 @ http://www.cafe-crepe.co.jp 🚊 东京Metro千代田线、副都心线明治神宫前站，5号出口步行约2分钟

1 草莓、巧克力饼干与起司蛋糕的组合，真是女孩心目中的梦幻甜点。 2 前来购买的高中女生络绎不绝。

不用去欧洲就能吃到地道冰淇淋。

008

しんじゅく グロム

新宿 GROM

时尚女孩必吃的意大利手工冰淇淋

欧洲的冰淇淋扎实，一向是女孩们的最爱，现在来东京也能品尝知名的意大利冰淇淋"GROM"了！位于新宿0101本馆1楼的GROM，销售以当地农产水果为主的冰淇淋，每季都会推出许多季节性口味，分为"Gelato"和"Sorbet"。"Gelato"是传统的意大利冰淇淋，强调低糖、低脂肪且拥有浓厚风味；"Sorbet"则是吃得到结晶的新鲜水果冰沙。

📍 P162F.C2 🏠 东京都新宿区新宿3-30-13号 新宿マルイ本馆1F 📞 03-5369-8966 🕐 11:00~23:00 💴 500日元起 @ http://www.grom.jp 🚊 东京Metro副都心线、丸之内线、都营新宿线新宿三丁目站，A2出口步行1分钟，JR山手线新宿站，东口步行3分钟

1 具有欧洲风格的店面设计。 2 可选三球的大杯冰淇淋，710日元。

009

コロット

新宿 Korot（LUMINE新宿店）

融化少女心的香蕉巧克力甜果子

"Korot"是很特别的甜果子专卖店，研发灵感源自可丽饼。Korot的点心是以可丽饼的薄饼皮包裹鲜奶油，中间再放上草莓、橘子或抹茶、起司等内馅，从冰箱拿出来后咬下一口，冰冰凉凉甜到心里，真是最适合少女的优雅点心！特别推荐香蕉巧克力口味（チョコバナナクレープ），不仅是因为香蕉与巧克力本身相当对味，且再加上鲜奶油的加持，可说是将甜点的精华完美地融合其中了！

📍 P162F.C2 🏠 东京都新宿区新宿3-38-1 📞 03-3353-7055 🕐 周一至周五11:00~22:00，周六日及假日10:30~22:00（公休日与LUMINE同步） 💴 160日元起 @ http://www.korot.jp 🚊 JR山手线新宿站中央东口步行1分钟，东京Metro丸之内线、都营大江户线新宿站A9出口步行2分钟

1 光看店内的食品模型就让人食指大动。

010
ハヤシフルーツ
晴空塔 林フルーツ

性价比超高的海派哈密瓜盅

　　"林フルーツ"是在东京创业超过70年的水果专卖店，现今以自家水果销售的优势开发出新的点心市场。根据季节推出的水果慕斯、各式新鲜水果塔，光看着就让人忍不住想买来尝尝。特别推荐店内人气必吃No.1"メロンボード"，新鲜、大碗又便宜的哈密瓜盅，美味无可挑剔、综合性价比超高！不过哈密瓜较扎实，很容易吃得满手果汁，建议外带后找个容易洗手的地方再慢慢享用。

📍 P159B.A2 🏠 东京都墨田区押上1-1-2晴空塔2F西侧21号摊位 📞 03-5809-7335 🕐 10:00~21:00 💴 420日元起 @ http://www.hayashifruits.co.jp 🚇 都营浅草线、东京Metro半藏门线押上站，A2出口步行约2分钟；东武晴空塔线东京晴空塔站，B3出口步行约2分钟

1 用料大方的哈密瓜盅，540日元。**2** 综合莓果塔。**3** 各种水果慕斯。

011
キルフェボン
晴空塔 Quil Fait Bon

少女的宝石　新鲜水果塔

　　"Quil Fait Bon"的新鲜水果塔口味之多，让人眼花缭乱，几乎你喜欢的水果口味都能在这找到。水果塔酥皮内有浓郁的奶油慕斯，上头的水果像镶嵌在皇冠上的宝石，吃起来不甜不腻，配上一口茶真是太享受了！Quil Fait Bon附有中文菜单，而且每家分店都有店铺限定口味，晴空塔当然不例外，有兴趣的女孩不妨来试试晴空塔专属的季节限定版哦！

📍 P159B.A2 🏠 东京都墨田区押上1-1-2晴空塔2F东侧48号摊位 📞 03-5610-5061 🕐 10:00~21:00 💴 650日元起 @ http://www.quil-fait-bon.com 🚇 都营浅草线、东京Metro半藏门线押上站，A2出口步行约2分钟；东武晴空塔线东京晴空塔站，B3出口步行约2分钟

1 门口也有晴空塔造型的摆设。**2 3** 让人看了忍不住想吃的水果塔。**4** 宝石般的莓果上还有甜甜的果胶。

012
ワケアッテ　ニッポン
晴空塔 わけあって日本

无敌懒人吃法：吸着吃的布丁（プリンだっちゃ）

　　日本布丁的好吃众人皆知，不过这次要介绍的可不是一般的布丁，而是"吸着吃的布丁"！这布丁的外表看起来像是一罐普通的美乃滋沙拉酱，开瓶之后直接吸里面的布丁，感觉非常微妙。虽然口感也是像美乃滋一样绵绵软软的，但味道可是正宗的布丁，而且奶味十足！送礼自用两相宜呀！

📍 P159B.A2 🏠 东京都墨田区押上1-1-2晴空塔1F东侧30号摊位 📞 03-5809-7245 🕐 09:00~22:00 💴 315日元起 @ http://www.hip.vc/www/works/036.html 🚇 东京Metro半藏门线、都营浅草线押上站A2出口步行约2分钟；东京东武晴空塔线东京晴空塔站，B3出口步行约2分钟

1 除了布丁之外还卖很多杂货纪念品。**2** 样子像美乃滋的布丁。

013
キャトル

上野 Quatre（ecute上野车站店）

贵气不贵的超可爱蛋糕

　　"Quatre"是一家蛋糕专卖店，柿の木坂本店、台场店与成濑台店都是漂亮的下午茶咖啡店，可以坐下来静静享受美味的蛋糕。店内的装潢风格走高质感成熟路线，连甜点的卖相都带有一种贵妇奢华的气息。此外，Quatre在较大的车站，如东京、品川和上野车站都设有专柜，销售较为可爱风格的蛋糕，让路过的女孩们一享口福。

📍 P161E_B1 🏠 东京都台东区上野7-1-1 **エキュート上野** 📞 03-5830-3380 🕐 08:00～22:00（周五营业至22:30、周日及假日营业至21:00）💴 270日元起 @ http://www.quatre.co.jp/index.html 🚃 JR山手线、东京Metro日比谷线、银座线上野车站站内商店街

1 配合上野熊猫主题的甜点。**2** 明亮的店铺马上吸引路人目光。

甜食果然是最疗愈女孩心的东西！

1 缤纷抢眼的外观。**2** 墙上有艾薇儿的亲笔签名。

014
キャンディー・ア・ゴー・ゴー

原宿 CANDY A★GO★GO

艾薇儿 "Hello Kitty" MV场景

　　摇滚女孩艾薇儿（Avril Lavigne）在新歌"Hello Kitty" MV中，摇身变成日本甜妞，俏皮的原宿街头打扮颠覆了她原本的酷妹形象。她在MV中穿着色彩缤纷的蓬蓬裙，哼唱"卡、卡、卡、卡哇伊"的日语单词，背景正是"CANDY A★GO★GO"原宿店。该店精选来自世界各地的糖果，店员们穿着粉红色洋装、顶着与电影《爱情不用翻译》中史考莉乔韩森所戴的粉红假发，整体俏皮并带点夸张的打扮与整家店的氛围很配。

📍 P160C_C3 🏠 东京都涩谷区神宫前1-7-1 **キュートキューブ**1F 📞 03-6804-6671 🕐 10:00～20:00 💴 420日元/100g @ http://www.candyagogo.com 🚃 东京Metro明治神宫前站5号出口步行5分钟

015
グッデイズ・マラサダ

涩谷 Good Days Malasada

超好吃夏威夷式炸甜甜圈

　　"Good Days Malasada"现点现做的炸甜甜圈吃起来外酥内弹，没有多余的加工和装饰，仅在外面撒上一层白糖粉，传统的简单滋味反而让人一吃就上瘾。大部分时候需要排队和等待才能吃到。如果女孩们有时间，一定要来排个队试试这好吃的甜甜圈。

📍 P160C_C4 🏠 东京都涩谷区涩谷2-21-1涩谷**ヒカリエ**7F "TABLE 7" 📞 03-6434-1512 🕐 周一至周六11:00～23:30，周日及假日11:00～23:00 💴 150日元起 @ http://www.alohatable.com/gooddays 🚃 东急东横线、田园都市线、东京Metro半藏门线、副都心线涩谷站15号出口直达；JR山手线、京王井の头线涩谷站，2F连接通道直达

1 食客总在这门口探头探脑，关注甜甜圈的出炉时间。

016
ミルクショップ ラク

秋叶原 Milk Shop Luck酪

来自日本各地的超多口味的牛奶

　　位于秋叶原站内的酪（Milk Shop Luck），锁定忙碌的通勤族群，销售来自日本各地的玻璃瓶装调味牛乳。在这里可以看到有趣的景象：不时有上班族或学生族群驻足几分钟，付完钱后立刻将手中的牛乳一饮而尽，在将玻璃瓶放在柜台的同时，车子刚好进站，就直接上车了。一到冬天，还会有热牛奶专区，为来来往往的过客添了一分暖意。

📍 P158A,C1 🏠 东京都千代田区外神田1，JR秋叶原站内月台 📞 03-3251-3286 🕐 06:30~21:00 ¥ 100~200日元 🚃 JR总武线秋叶原站5号月台

1️⃣ 位置极佳的牛奶专卖店。

017
スープストックトーキョー

惠比寿 Soup Stock Tokyo

超好喝的天然浓汤

　　这里的套餐组合方式简单易懂，可以从点餐的图片上一目了然。每周更换菜单、干净明亮的店铺深受新时代白领的喜爱。标榜以天然食材制造，夏天推出冷汤，冬天端上暖暖的浓汤，与健康的五谷饭搭配，真是时尚都会女性的最佳选择。

📍 P160C,C5 🏠 东京都涩谷区惠比寿南1-5-5 アトレ惠比寿3F 📞 03-5475-8446 🕐 08:00~22:00（L.O. 21:30）¥ 500日元起 @ http://www.soup-stock-tokyo.com 🚃 JR山手线惠比寿站步行1分钟

1️⃣ 远远地就可以闻到浓汤的香味。

018
こうべころっけ

品川车站 神户コロッケ（Ecute品川南店）

饱足感十足的起司可乐饼

　　创业20多年的"神户コロッケ"，销售各种内馅的美味可乐饼，坚持卫生安全与健康材料，使用来自北海道的马铃薯，让人一吃就念念不忘。"海老と帆立のカツ"（炸虾扇贝口味）和"コロコロ チーズボール"（起司口味）都是人气商品。

📍 P162G,B3 🏠 东京都港区高轮3-26-27 Ecute品川南店1F4号摊位（检票口内）📞 03-5421-8014 🕐 08:00~22:00（周日、例假日08:00~21:00）¥ 平均150日元 @ http://www.rockfield.co.jp/brand/kc 🚃 JR山手线品川站，站内商店街直达

1️⃣ 限定口味：起司饭团可乐饼。

1️⃣ 在店门口即可看到大大的招牌兔子。
2️⃣ どらやき（铜锣烧），205日元／1个。

019
うさぎや

上野 御果子司（うさぎや）

大排长龙的老字号铜锣烧

　　小时候看《哆啦A梦》时总好奇铜锣烧是什么滋味，来到上野这家百年老店"御果子司 うさぎや"，就能体会哆啦A梦为何如此喜爱铜锣烧了！尽管保存期限只有两天，许多人仍会专程来这里排队购买，可见其魅力。因为是新鲜现做，刚拿到时还有些许温热，大口一咬，浓浓的红豆瞬间溢满口中，让人感觉大满足！

📍 P161E,A2 🏠 东京都台东区上野1-10-10 📞 03-3831-6195 🕐 09:00~18:00（周三休息）¥ 205日元起 @ http://www.ueno-usagiya.jp 🚃 东京Metro银座线上野广小路站A1出口步行4分钟；都营地铁大江户线上野御徒町站，A4出口，步行4分钟；东京Metro千代田线汤岛站，6号出口步行4分钟

SHOPPING IN TOKYO

采购东京

说到流行，没有人敢忽略东京。不论是走可爱风、街头风、流行风还是时尚风，日系品牌百花齐放；说到美妆，也没有人会忘记东京，到处都是药妆店，眼睛无法忽视那闪亮刺眼的特价红标；说到宠物，日本人把宠物当小孩养已不是新闻，街上到处都是打扮妖娇逗趣的"毛小孩"。不论是买给自己，还是送给亲朋好友的伴手礼，来到东京不采购一下真的是对不起自己！

SHOPPING IN TOKYO

☐ **Spot 1** 日系女孩穿搭最有型的选择

潮流服饰 Fashion Brand

☐ **Spot 2** 为家中等待你的"毛小孩"买礼物！

宠物用品店 Pet Store

☐ **Spot 3** 女孩必买药妆店

药妆特搜 Pharmacy & Cosmetic

☐ **Spot 4** 亲朋好友最期待的土特产

亲友伴手礼 Gifts for family & Friends

☐ **Spot 5** 回国送闺蜜的超体面甜点

闺蜜伴手礼 Gifts for Lovely B.B.F.

☐ **Spot 6** "女孩爱零嘴"之怎么能不逛便利商店？！

便利商店 Convenient Store

把东京买进行李箱。

潮流服饰

日系女孩穿搭最有型的选择

日本的设计在国际上向来具有一定的地位与水准，而东京的流行服装更是亚洲时尚圈最具公信力与参考价值的指标！任何类型的服装需求，都能在东京找到！

你喜欢哪种日系风格呢？

override ◆

001
ネ・ネット
Né-Net

卡哇伊的日系休闲风

以轻松、休闲为设计风格的"Né-Net"源于法语的"出生"，意旨男女都可以自由自在地穿搭。舒服又自在的感觉是这个品牌的中心思想。设计师高岛一精先生曾在三宅一生旗下工作，他的设计灵感来自于"真实的自我"，除了单纯的服装制作外，他更追求的是从零开始创造出让人感觉惊喜的商品。"Né-Net"的设计风格大胆，色调突出，展现出年轻世代的奔放与幽默感。

📍 P158A.B5　🏠 东京都千代田区有乐町2-7-1 有乐町マルイ 5F（有乐町マルイ店）📞 03-6738-3868 🕐 11:00~23:00（周日及假日11:00~22:00）💴 2000日元起 @ http://ne-net.net/index.html 🚃 JR山手线有乐町站中央口步行2分钟；东京Metro有乐町线有乐町站D8出口步行3分钟

1 Né-Net休闲鞋，10260日元。**2** 仔细瞧瞧柱子上的咖啡色绒毛物体，竟然是用上百只熊玩偶堆积而成的。

45RPM

高质感日系牛仔专卖店

主打牛仔裤与棉料衣物的"45RPM"创立于1978年，以朴实的手工与经典的洗染技术闻名，设计风格在简约中隐含着一丝不苟的态度，优质的触感让人一触摸就爱上这细致的质感，具有十足的和风格调与日式精神。走进位于南青山的旗舰店，这个这个隐身在住宅区内的传统日式老房子被重新翻修改建，在古朴与流行间取得一种时尚平衡。与一般店不同的是，全木地板的本店需要脱鞋，进入店内感觉相当放松，像是走进一户人家参观。虽价格不菲，但对追求独特与品位的女孩来说是相当值得的选择。

P162G,A1 东京都港区南青山7-7-21 03-5778-0045 11:00~19:00（周二休息）平均4000~20000日元 http://ww-w.45rpm.jp/jp 东京Metro千代田线、银座线、半藏门线表参道站，B1出口步行10分钟；都营巴士01系统自涩谷站发车，"青山学院中等部前"下车步行3分钟

买一件回家吧！

1 不够熟门熟路恐怕还找不到这家特别的服装店。2 相当有质感的蓝染衣料。3 进入店内需要脱鞋，空间具有开放感。4 具有夏日风情的穿搭。5 皮带与手帕等时尚配件，皮带8640日元起、手帕6480日元起。6 各式简约风围巾，24000日元起。

003
カシラ
CA4LA

时尚潮流帽子专卖店

1 夏季造型软帽。2 店里陈列着一年四季戴的各种帽子，选择非常多。

　　"CA4LA"的前身是1989年在上野创立的帽子专门店"Weave Toshi"，1997年在涩谷创立"CA4LA"，开始制作顶级帽子，并且在国际市场上宏扬日本制帽。CA4LA的店铺营造出一种古典华丽的气息，不难看出这个品牌的质感与设计品位都相当典雅。产品包罗万象，一般成人外出戴的帽子、孩童专用尺寸的帽子、华丽的宴会用帽子，在CA4LA几乎都能找到符合需求的款式。此外，"CA4LA"也提供专属帽子定制以及帽子的清洁服务。

P160C,C5　东京都涩谷区代官山町17-5 代官山アドレスE-204（代官山分店）03-5459-0085　11:00～20:00　帽子一顶平均5000～8000日元　@ http://www.ca4la.com　东急东横线代官山站，西口步行1分钟

穿起来好有气质呦！

004
アズノゥアズドゥ バズ
As Known as de base

轻熟女路线的休闲服饰

　　这是一个非常适合文艺女孩与乐活女孩的服装品牌，在简单生活中寻找一丝小确幸。舒适的服装版型设计，让轻熟女无论在何种场合都能够自然放松、不受拘束。而在低彩度比例较高的服饰中，偶尔穿插点高彩度的小惊喜，既不失大方优雅，又保有一丝俏皮活泼，可说是突显轻熟女特质的最佳演绎。

P163L,A2　东京都丰岛区南池袋1-28-1西武池袋 3F（池袋分店）03-3983-4356　10:00～21:00（周日及假日10:00～20:00）　平均5000日元　@ http://www.asknowas.com　东京Metro副都心线、有乐町线、丸之内线池袋站，42出口步行2分钟；JR山手线池袋站，东口步行2分钟

1 As Known as de base池袋分店。

005
オーバーライド
override

帽子专卖店

　　override为帽子专卖店，以日本流行的风格为主，通过不同设计与材质的运用，帽子种类繁多。除了自家品牌外，也引进了其他知名品牌的商品，例如以兔子结合鹿角为LOGO、极具时尚的arth，青春洋溢的女帽HEADSTAR，嘻哈潮流的男帽Headstime……更有许多限量的联名商品等待女孩们去挖宝呦！

P159B,A2　东京都墨田区押上1-1-2 东京スカイツリータウン ソラマチ4F（东京ソラマチ分店）03-5809-7266　10:00～21:00　3000日元起　@ http://www.ovr.jp　东京Metro半藏门线、都营地铁线浅草线、京成电铁押上线、成田机场线押上（Skytree前）站，B3、A2出口；东京Metro银座线浅草站，步行15分钟

1 保证不后悔！花时间挑一顶回家吧！

1 Mint Designs背包。**2** Mint Designs位于地下一楼的涩谷パルコ分店。

006
ミントデザインズ

Mint Designs

以花样图案为名的流行服饰

创立于2001年的知名日本品牌Mint Designs，品牌特色为各种花样图案的变化。对于讲究服装质地的女孩，可以在这里找到 "Made in Japan" 的商品喔！

📍 P160C.B4 🏠 东京都涩谷区宇田川町15- 涩谷パルコ パート 1 B1F 📞 03-3464-7833 🕐 10:00~21:00 💴 2500日元以上 @ http://mint-designs.com 🚇 东京Metro银座线、半藏门线、副都心线、JR山手线、埼京线涩谷站，6号出口步行7分钟

1 Forever 21涩谷分店。**2** Forever 21的橱窗。**3** 流行风格黑白小洋装。

007
フォーエバー21

Forever 21

不买回家会后悔的流行女装

美国品牌 "Forever 21" 起初由美籍韩裔张道元创立，主要从韩国引入年轻女性与男性的流行服饰，销售给住在美国的韩国人，没想到大方的款式及漂亮的设计成功抓住了美国人的喜好，因此开创出一种亚洲系的时尚流行风格。

无论是唯美的小公主造型、亮丽的都会熟女、中性有型的职业女强人，Forever 21都能满足女孩的造型需求！从衣服、包包、配件到鞋子，一应俱全。最重要的是，在服装店竞争激烈且消费超高的东京，Forever 21秉持着物美价廉的原则，让女孩们既能满足购物欲望又能大省荷包。

30年来，其在世界各地设立，超过500的家分店。女孩们来到东京千万别错过原宿车站附近的 "Forever 21" 日本一号店，便宜划算，好看又好穿，就算是一时的失心疯采购，回国肯定也不会后悔的！

📍 P160C.C3 🏠 东京都涩谷区神宫1-8-9 原宿宝エステートビル 📞 03-3404-3201 🕐 周一至周四10:00~21:00、周五10:00~22:00，周六09:30~22:00、周日及假日09:30~21:00 💴 500日元起 @ http://www.forever21.co.jp 🚇 东京Metro千代田线、副都心线明治神宫前站5号出口步行约3分钟

AVANTGARDE

摇滚与性感风格兼具的特色丝袜

其品牌名称取自英文AVANTGARDE（前卫），故商品也极具特色。在透明的丝袜上印有迪士尼卡通人物，不仅营造出刺青的视觉效果，同时又是有甜美俏皮的柔性之美；抢眼的色彩运用，将丝袜从穿搭配件变成主角。女孩们随便穿件素T恤衫，搭配短裤，就能变成原宿街头的潮妹！

📍 P160C.C3 🏠 东京都涩谷区神宫前3-22-7 藤原ビルB1 📞 03-6804-373 🕐 11:00~20:00 ¥ 2000~5000日元 @ http://www.avant-gardejapan.com 🚇 东京Metro千代田线、副都心线明治神宫前站5号出口步行5分钟；JR山手线原宿站，表参道出口，步行8分钟

1 每件商品都有展示样品，可以完整地看到丝袜上的图案。2 位于地下室的アバンギャルド。3 店内如丝袜一样风格强烈的墙壁涂鸦。4 米奇图案文身丝袜，3465日元。

LeLe Jumie moon

1

小布娃娃的服饰店

一靠近这里，就被橱窗里的3只小布娃娃吸走目光：一个是俏皮红辫子搭配花帽的田园小公主；一个是吊带裤配帆布鞋的酷女孩；最后一个是顶着抢眼黄发配恨天高的卡卡翻版。不论是假发、服饰、饰品配件、迷你家具还是杂货用品，LeLe Jumie moon都应有尽有，更特别的是还销售手创者的作品，女孩们可以买到独一无二的商品。

📍 P160C.B4 🏠 东京都涩谷区宇田川町15-1涩谷パルコ パート1 6F 📞 03-6455-1668 🕐 10:00~21:00 ¥ 2500日元以上 @ http://lelejuniemoon.jugem.jp 🚇 JR山手线、埼京线、东京Metro银座线、半藏门线、副都心线涩谷站，6号出口，步行7分钟

1 为自己的小布娃娃添件新衣吧！2 位于涩谷パルコ的分店。

1 Candy Stripper 原宿店。

010
キャンディストリッパー
Candy Stripper

摇滚青春街头潮牌

有可爱摇滚形象的街头潮牌Candy Stripper，创立于1995年，设计用色大胆强烈，品牌融合了少女最喜欢的爱心、星星或可爱插图，加上摇滚朋克的元素，例如骷髅头、蓬蓬裙，不论是柔和甜美如蛋糕的粉色系洋装，还是个性十足的对比色系服装，设计师都不受限地异想天开，希望女孩们通过自由的创意搭配展现出永远的青春活力。

P160C.C3　东京都涩谷区神宫前4-26-27 1F　03-5770-2200　11:00~20:00　2800日元起　http://candystripper.jp　东京Metro千代田线、副都心线明治神宫前站5号出口步行5分钟

011
オープニング・セレモニー
opening ceremony

樱花妹新欢 走在流行前端

源自美国纽约、近年来深受樱花美眉喜爱的opening ceremony，品牌名称取自奥运会的开幕典礼。创办人Carol Lim和Humberto Leon是好友，他们到世界各地旅游，发现当地有许多精美、时尚或是有趣的知名设计师作品却在美国默默无闻，便决定挖掘各地的设计师作品，带回美国销售。有趣的是他们坚持一年换一个国家或地区主题，重现每个地区的风土民情。他们对于潮流的敏锐和独具的眼光，捧红了许多无名设计师，使OC成为许多买家的挖宝天堂。

P160C.B4　东京都涩谷区宇田川町15-1 涩谷パルコPART1 3F　03-3461-2800　10:00~21:00　4000日元起　http://www.openingceremonyjapan.com　JR山手线、埼京线东京Metro银座线、半藏门线、副都心线涩谷站6号出口步行7分钟

OPENING CEREMONY Est. 2002

1 位于涩谷パルコ的分店。

跟着我到流行最前线！

012
チュチュアンナ
tutu·anna

两只脚丫永远不够穿

对于日本人来说，袜子是重要的打扮配件，对袜子的长短、功能、样式非常讲究。从船形袜、踝袜到短袜、膝上袜，在店里有清楚的分类与图示说明，不会以日文与店员沟通也可以买到自己想要的袜子；"大部分不限款式、任选3双1000日元"的消费方式，更是增加了女孩们的购物欲。部分分店还销售内衣与杂货。

1 位于竹下通的分店。　2 tutu·anna卡哇伊造型踝袜。

P160C.C3　东京都涩谷区神宫前1-16-3　03-5771-6045　10:00~21:00　3双1000日元　http://www.tutuanna.jp　JR山手线原宿站，步行3分钟，竹下通里巷弄内

013
アイアムアイ ワンルーム

I AM I ONEROOM

个性休闲的文艺派服饰

　　"I am I in fact…"属于AMBIDEX集团旗下品牌，品牌的招牌图案是一只有三角耳朵、由交叉线条组成胡须的黑色猫咪，品牌的风格简单又带点趣味。2014年进驻涩谷PARCO，以一间房间为概念，故取名"I AM I ONEROOM"。在入口处一个有"道具箱"字样的蓝色箱子里，放了一件印有单人套房的平面设计图的白T恤衫，呼应了涩谷分店的主题。

📍 P160C.B4　🏠 东京都涩谷区宇田川町15-1涩谷パルコパート1 3F　📞 03-6416-0875　🕙 10:00~21:00　💴 2500日元起　@ http://iami-ambidex.jp　🚃 JR山手线、埼京线、东京Metro银座线、半藏门线、副都心线涩谷站，6号出口，步行7分钟

1️⃣ 位于涩谷パルコ的分店。

014
クラスカ ギャラリー＆ショップ ドー

CLASKA Gallery & Shop"DO"

挖掘日本设计师新星的商品

　　以销售家具杂货为主的CLASKA，2003年翻修目黑区的一座老旧旅馆，将其变身为充满艺术人文气息的设计旅馆。位于2楼的商店就是CLASKA Gallery & Shop "DO"的本店。品牌一方面着重推广日本传统的工艺品，另一方面引进日本各地新兴设计师的商品，例如在涩谷的分店会有期间限定的设计师商品销售。

📍 P160C.B4　🏠 东京都涩谷区宇田川町15-1 涩谷パルコパート1 B1F　📞 03-5456-2833　🕙 10:00~21:00　💴 1500日元起跳　@ http://do.claska.com　🚃 JR山手线、埼京线、东京Metro银座线、半藏门线、副都心线涩谷站，6号出口，步行7分钟

1️⃣ 设计T恤衫一件3240日元。2️⃣ 商品种类除了服饰外，也有生活日用品。3️⃣ 位于涩谷パルコ的分店。

015
トーキョーボッパー

Tokyo Bopper 本店

朝圣原宿厚跟鞋

1️⃣

　　想当个潮流女孩，鞋柜里绝对不能缺少一双厚跟鞋！1994年在原宿的小巷里萌芽、一开始无人问津、如今原创革新的Tokyo Bopper，成为各大潮牌杂志、网站的常客。每双鞋都充满独特个性，高度从3厘米到10厘米，日本制高质感设计，穿起来格外舒适。遇到打折季，还可以买到10000日元上下的厚跟鞋喔！

📍 P160C.C3　🏠 东京都涩谷区神宫前4-25-7　📞 03-3497-5528　🕙 12:00~20:00　💴 10800日元起　@ http://www.tokyobopper.info　🚃 东京Metro千代田线、副都心线明治神宫前站，5号出口，步行5分钟；JR山手线原宿站，表参道出口，步行9分钟

1️⃣ 走可爱风的厚跟鞋。2️⃣ Tokyo Bopper原宿店。

Q-Pot 本店

梦幻的少女系甜点饰品

梦幻的Q-Pot甜点系饰品，在日本享有超高人气。缤纷粉色系配上亮晶晶水钻的马卡龙，像是被偷咬一口的巧克力砖、快溶化的冰淇淋甜筒……设计师Tadakki Wakamatsu将女孩最爱的各类甜点，变成了项链、手链、戒指等饰品配件，看起来就像真品，以假乱真的视觉效果深受少女喜爱。

📍 P162 G.A1 🏠 东京都港区北青山3-7-11 📞 03-5467-5470
🕐 12:00~20:00 ¥ 800日元起 @ http://www.q-pot.jp/shop 🚇 东京Metro银座线外苑前站，3号出口，步行5分钟；东京Metro银座线、千代田线、半藏门线表参道站，A2出口，步行12分钟

1 位于北青山的本店。 **2** 以假乱真的饰品设计。

给女孩的贴心小帮手

采购基本日语单词表

● 女孩们想要寻找什么商品呢？

中文	日文
裙子	スカート
裤子	パンツ
衬衫 / 上衣	シャツ / ブラウス
鞋子	靴
外套	ジャケット
大衣	コート
洋装	ワンピース
围巾	カーフ
袜子	靴下
包包	バッグ
项链	ネックレス / チャーム
手环	ブレスレット / バングル
戒指	リング
胸针	ブローチ
耳环	イヤリング
皮带	ベルト
钥匙圈	キーホルダー /
吊饰	バッグチャーム

● 女孩们想要寻找什么颜色呢？

中文	日文
红色	赤（あかい）
蓝色	藍（あいいろ）/ ブルー
黄色	黄（きいいろ）
绿色	緑（みどり）/ グリーン
黑色	黒（くろ）/ ブラク
白色	白（しろい）/ ワイト
荧光	蛍光カラー
粉红色	ピンク
紫色	紫（むらさき）
橘色	オレンジ
米色	ベージュ
灰色	グレー
咖啡色	モカ
卡其色	カーキ

● 女孩们想要寻找什么质地呢？

中文	日文
羊毛	毛 / ウール
丝	絹 / シルク
棉	棉（めん）
化学纤维	化学繊維
尼龙	ナイロン
麻	麻（あさ）
黄金	金 / ゴールド
銀	銀 / シルバー
白金	プラチナ
不锈钢	ステンレス
钻石	ダイヤモンド
真皮	本革

これはいくらですか？

在东京的"毛小孩"很幸福呢!

SPOT2 PET STORE

宠物用品店

为家中等待你的"毛小孩"买礼物!

　　越来越多的人把宠物视为家里的一分子，为它们穿衣打扮，冠上家族姓氏。对宠物当皇帝一样伺候，再辛苦也甘之如饴。在东京的"毛小孩"很幸福呢，除了常见的宠物服饰店与Spa外，主人还会推着精致的推车带他们外出逛街，一起去宠物咖啡店，主人可以悠闲地喝下午茶，"毛小孩"则可认识新朋友。鉴于日本人对于宠物的细心呵护，宠物的周边商品也多元发展，有时会错以为逛到童装店呢!

我们要去添购新衣~

001
ドッグデプト
DOG DEPT

圣塔摩尼卡的海洋休闲风

　　强调自然主义的DOG DEPT其实是一家服饰店，不论是店里的陈列或是官网，都可以感觉到品牌想营造出崇尚大自然、喜爱狗狗、人犬一家的悠闲生活模式，因此它除了销售男女服饰外，也销售狗狗的商品，包括衣服、项圈、床铺、领巾配件、宠物车等。它在晴空塔除了有分店外，也有宠物咖啡店DOG DEPT CAFE，不仅提供简餐甜点，更有狗狗专属餐点，让主人和狗一起享用餐点，共度美好时光。

📍 P163J.A2　🏠 东京都目黑区自由之丘2-14-20 不二ビル1F-A（自由之丘分店）　📞 03-5731-0039　🕐 11:00~19:00，周三休息　💴 3024日元起　@ http://www.dogdept.com　🚃 东京急行电铁东横线、大井町线自由之丘站步行4分钟

1 远看还以为是童装呢!

138

1 "犬的生活" 以销售小型犬的服装为主。

002
犬の生活
犬的生活

贵族 "毛小孩" 的奢华精品

1999年于银座开店，以销售小型宠物的周边商品为主，秉持 "奢华、可爱又乐活" 的品牌精神。除了自家品牌外，也进口国外的宠物精品，重视品质与耐用性。面积不大的店里，摆满宠物的高级精品。自家品牌的水手服棉质洋装纯日本制，裙摆绣上精致的皇冠图案，让 "毛小孩" 瞬间变成小王子、小公主！

🗺 P161D.B2 🏠 东京都中央区银座2-4-1 银乐ビルB1 📞 03-3538-1911 🕐 12:00~20:00 ¥ 2800日元起 @ http://www.inuno-seikatsu.com/shops/index.html 🚃 东京Metro有乐町线银座一丁目站5号出口步行1分钟，东京地铁银座线银座站B2出口步行6分钟，东京地铁丸之内线银座站C8出口步行6分钟，东京地铁日比谷线银座站B4出口步行6分钟

003
ペットパラダイス
Pet Paradise

让 "毛小孩" 在变装派对中成为焦点吧！

该店以 "打造感动与愉悦生活" 的品牌精神，提供风格多元的系列服装及周边商品。带有时尚感的chocolate dog系列走个性女孩路线，服装多以粉色系为主；Pretty Bouquet系列则融合了许多女孩喜爱的元素，如花朵和爱心；Pet Paradise最受欢迎的莫过于Narikiri变装系列，如白色大牙的绿色恐龙、黄黑相间的小蜜蜂、红底黑点的小瓢虫，"毛小孩" 一套上服装，摇身一变为各种有趣的角色。

🗺 P163J.A2 🏠 东京都目黑区自由之丘2-9-10 📞 03-6413-1620 🕐 11:00~20:00 ¥ 900日元~5000日元 @ http://www.crea-tiveyoko.co.jp 🚃 东京急行电铁东横线、大井町线自由之丘站，步行3分钟

1 店里有许多授权卡通服饰，例如迪士尼、维尼、史努比。 2 位于自由之丘的分店。

1 位于竹下通巷内的ALO ALO。 2 ALO ALO主要销售小型犬的服装。 3 店里的单件服装。

004
アロアロ
ALO ALO

充满热情夏威夷风的宠物店

在竹下通的巷弄里，可瞧见充满热带风的ALO ALO，鲜艳的荧光粉红色店名，文字中间夹着鲜黄色的扶桑花，与店前的几株阔叶盆栽呼应，十足的夏威夷风格，仿佛待会儿就会听见海浪的拍打声。店里的犬服多由老板田中雪子设计，由于老板本身对于夏威夷非常着迷，所以可以在店里看到许多扶桑花为主题、颜色鲜艳的犬服及周边商品。店里的 "パロディーシリーズ" 模仿系列商品也非常受顾客喜爱。以蒂芬妮绿为基色的网T恤衫，上面淡淡的蝴蝶结包装图样印有文字，是否让女孩们想起某家知名的珠宝品牌呢？

🗺 P160C.C3 🏠 东京都涩谷区神宫前1-20-11 原宿カタリナ馆1F 📞 03-5771-2201 🕐 11:00~19:00 ¥ 1500日元起 @ http://www.aloalodog.com 🚃 JR山手线原宿站，2号出口步行4分钟，东京Metro千代田线、副都心线明治神宫前站，3号出口步行5分钟

快让药妆品装满你的行李箱！

SPOT B PHARMACY & COSMETIC

药妆特搜

女孩必买药妆店

女孩到药妆店的目的当然就是为了抢购折扣商品啦！为了省时间，建议女孩们做好行前准备，列出购物清单，到网站查询价格并写进清单里。带着清单采购，不仅省时间，也有多余的时间挖掘新商品！

001
DHC

DHC

保养、保健、美容商品一应俱全

DHC拥有自家的研究开发室，严选优质天然素材，开发了许多高品质商品。除了女性保养品及彩妆，也有针对男性与婴幼儿的保养品及美体、美发用品、保健食品等，将市场从最初定位的女性拓展到全家成员，商店也从虚拟平台走向实体渠道。

🗺 P161D.B2 🏠 东京都中央区银座2-7-1银座贸易ビル1F（メルサ银座2丁目直营店）📞 03-3561-1131 🕐 11：00～20：00 💰 平均2000日元 @ http://top.dhc.co.jp/dshop/store/index.html 🚇 东京Metro有乐町线银座一丁目站9号出口、东京Metro丸之内线、银座线、日比谷线银座站A13出口，步行3分钟

1 位于银座的DHC直营店。2 DHC常与迪士尼合作推出限定版卸妆油，让招牌卸妆油有不同的包装，以吸引女性顾客。

002
オーエスドラッグ

OS drug

网友评出的最便宜的药妆店

店面不大、招牌也不太起眼的OS drug，以保养品与药品为主，是许多网友推荐的、平均来说最便宜的药妆店。若在东京街头看到，一定要进去进逛。

🗺 P162F.C2 🏠 东京都新宿区新宿 3-29-13（新宿店）📞 3359-6121 🕐 09：00～20：30 @ http://www.osdrug.com/sub1.htm 🚇 东京Metro丸之内线新宿三丁目站，A5出口，步行1分钟；都营地铁新宿线、大江户线新宿站，步行3～5分钟；JR山手线、埼京线、中央线新宿站，步行3～5分钟

1 不怎么起眼的外观，看起来像中国的药店。

药妆店扫货 Key Words

日文	中文
超激安	超便宜
他店壓倒	比其他店便宜
お一人様2點限り	一人限购两件商品
限定セール	限定商品拍卖
お得	捡便宜
大幅値下げ	大幅降价

003
マツモトキヨシ
松本清

随处可见的人气药妆店

红色的"药"字配上黄色与蓝色，就是松本清的招牌了。除了销售药妆品之外，也销售杂货与食品，价格当然也是非常亲民。松本清目前在新宿、池袋、涩谷等热闹的重点区域设有24小时店铺，对于精力充沛的女孩们来说是个非常棒的服务！白天可到处玩乐，晚上再锁定这些24小时营业的分店，悠闲地采购，时间非常充裕。特别要注意的是，与中国稍微不同，24小时营业不是天天营业，周日与法定假日只营业到22:00，次日10:00开店。

📍 P163L,A1 🏠 东京都丰岛区西池袋1-27-2（池袋西口站前店）
🕐 周一～周六24小时营业，周日、假日营业至22:00，次日10:00开店
@ http://www.matsukiyo.co.jp 🚇 东京Metro丸之内线、副都心线、有乐町线池袋站，西口出口，步行1分钟；JR东日本的埼京线、湘南新宿线、成田特快、山手线、东北本线池袋站，西口出口，步行1分钟

① 大大的"药"字，配上黄色与蓝色，是松本清的招牌。

Donki的招牌是一只戴着圣诞帽的企鹅坐在月亮上！

004
ドン・キホーテ
Donki

激安的殿堂

Donki并非只专卖药妆，它是一家营业到清晨的百货店，有些甚至24小时全年无休。店面通常很大，商品的陈列即使有分类仍非常拥挤凌乱，走入店里仿佛进入了森林一般。商品种类从家电到生活用品，从食品到服饰、鞋子、配件，就像圣诞老人变出许多礼物一样，应有尽有。这里还提供了满5000日元即享免税的优惠服务哟！

📍 P161D,A2 🏠 东京都中央区银座8-10 银座ナイン3号馆（银座本馆）📞 03-6215-968
🕐 24小时营业 @ http://www.donki.com 🚇 JR山手线、东Metro银座线新桥站，步行5分钟；东Metro银座线、丸之内线银座站，步行10分钟；东京Metro日比谷线、都营地铁浅草线东银座站，步行10分钟

① 银座店24小时营业。② Donki的招牌。

005
サンドラッグ
SunDrug

天天都有商品促销

与松本清并驾齐驱的SunDrug，目前在日本全国的店铺数高达900多家，虽没有松本清的24小时店铺，但部分分店也营业至22:00～23:00。销售的商品包括保养化妆品、食品、日用品等，标榜天天都有便宜的商品促销。

📍 P162F,C2 🏠 东京都新宿区西新宿1-4-2（新宿西口店）📞 03-5909-7555 🕐 09:00～22:15 @ https://www.sundrug.co.jp/index.html 🚇 都营地铁大江户线新宿西口站，B17出口；东京Metro丸之内线新宿站，B17出口；JR山手线、崎京线、湘南新宿线、中央线新宿站，B17出口；都营地铁新宿线新宿站，B17出口

① 红色是SunDrug的主体色。

药妆商品大集合

进入药妆店，先放进篮子再说

不知道该买些什么药妆品吗？这里搜集了知名博客与日本官网推荐的人气商品，女孩们不妨参考一下！

把你们全部买回家！

1 FOCUS
SUGAO
AirFit CC クリーム

强调像空气般的轻薄感，如慕斯般的质地容易推开，不仅能遮瑕毛细孔，更能呈现裸妆一般的清透感，成为日本美眉的新宠。 ❗ 容量：25g ¥ 1380日元

2 FOCUS
豆腐の盛田屋
豆乳よーぐるとぱっく "玉の輿"

广受网友推崇的豆腐优格面膜，为日杂名模梨花的爱用品；无防腐剂、不使用界面活性剂等，对肌肤十分温和。 ❗ 容量：120g ¥ 1575日元

3 FOCUS
Kingdom
リキッド アイライナー

曾荣登日本@cosme眼线笔排行第一名，使用两种皮膜剂，防油又防水，长时间不掉妆；极黑又极细的特色，可以随意勾勒出喜欢的眼形。 ❗ 容量：1入 ¥ 1200日元

4 FOCUS
CANMAKE
ステイオンバームルージュ(Stay On Balm Rouge)

CANMAKE 2013年推出的新品，添加了美容液与植物油，具有高保湿的特性，即使是干燥的嘴唇也可以直接涂抹，还有防UV的功能，能营造出丰润、令人想一亲芳泽的美唇。当年被@cosme官方票选为年度新人奖，至今仍在排行榜的前三名中！ ❗ 容量：1入 ¥ 609日元

5 FOCUS
花王 めぐりズム
蒸気でホットアイマスク

放松双眼的小帮手，温温的热度可以安抚疲惫的双眼，是时常盯着电脑屏幕看的女孩们的必备品。 ❗ 容量：14枚 ¥ 1275日元

6 FOCUS
资生堂
ファンデーションブラシ131

细致的刷毛让粉底能够均匀服帖于肌肤，高密度的毛量照顾到肌肤细微处，毛质软硬适中不伤肌肤，用过的人都说赞！虽然在中国也有销售，但别忘了日本美妆店有折扣价，折扣下来有时仅在1300日元左右呢！ ❗ 容量：1入 ¥ 1800日元

7 FOCUS — Kracie Fuwarie
ストレートスタイルミスト

女孩做造型常使用电棒卷或是夹直棒，但过热的温度常常让头发受损，导致分叉、鳞片受伤的后果。Fuwarie造型发雾水，添加护发与保湿配方，让女孩们在做造型的同时能保护秀发，除此之外还有防UV功能以及果香味！产品细分为夹直、电棒卷以及微卷等类别。 ❗ 容量：150g ¥ 513日元

8 FOCUS — 参天制药
サンテFXネオ

标榜能快速消除疲劳，凉爽度极高，让眼睛一亮的同时，精神都来了！另外也有减缓眼中血丝的商品。 ❗ 容量：12ml ¥ 343日元

9 FOCUS — 花王 めぐりズ
蒸気でGood-Night ラベンダー

同样是温热的眼罩，但它多添加了薰衣草与柚子的香味，以安抚镇定女孩们一整天劳累或紧张的情绪，帮助入眠进入梦乡！ ❗ 容量：5枚 ¥ 498日元

10 FOCUS — 肌美精
目もと集中リンクルケアマスク

高浓度维生素A与玻尿酸的保湿成分，给予肌肤高度润泽，产生紧致感，淡化干燥小细纹。 ❗ 容量：60片 ¥ 1027日元

11 FOCUS — ロート
白茶爽 白茶練り石鹸

含有柚子与绿茶的淡淡香味，浓密细致的泡沫洗起来十分清爽；抗氧化的儿茶素能够减缓皮肤老化。 ❗ 容量：120g ¥ 500日元

12 FOCUS — 伊势半
カラーリングアイブロウ

使用方便，颜色自然，不论是流汗、雨水或是出油，都不易脱落，深受日本美眉喜爱，是评比中的第一名常胜军。 ❗ 容量：8g ¥ 800日元

13 FOCUS — 肌美精
うるおい浸透マスク 深層美白

博客主的口袋名单，晚上敷上一片，第二天给女孩们一整天好心情！ ❗ 容量：5枚 ¥ 798日元

14 FOCUS — 明色化妆品
明色うるおい泡美人 馬油石鹸

高度保湿，混合10％马油的肥皂，可以搓揉出非常细致的泡沫，不添加香料，包装里还有贴心附赠的网袋。 ❗ 容量：80g ¥ 849日元

15 FOCUS — 花王 めぐりズ
蒸気の温熱シート

花王 めぐりズ特别针对女性设计了贴在肚子与腰部的温热贴布，厚度适中、材质柔顺，非常适合容易经痛的女孩们！ ❗ 容量：5入 ¥ 513日元

16 FOCUS — タイヘイ药品
エキバンA

与小林制药的サカムケア一样，是广受好评的液体创可贴，涂抹在伤口上宛如一层保护膜，具有防水效果，价格比小林制药便宜一些。 ❗ 容量：30g ¥ 626日元

EVE
17 EVE-A 錠

不论是头痛、牙痛或是生理痛等各种疼痛，止痛效果极佳而让大家口耳相传的EVE，分为两种包装：白色包装为A錠，各种疼痛都可使用；蓝色包装的Quick錠则特别针对头痛症状，标榜有快速舒缓的疗效。 ⚠ 容量：60錠 ¥ 1728日元

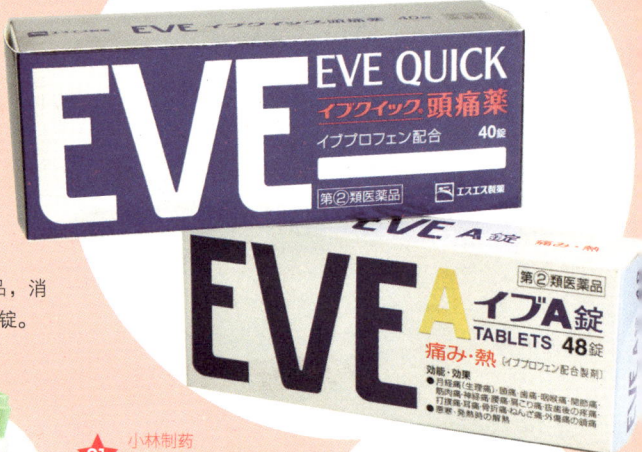

Meiji
18 アミノコラーゲン

众多博客美眉推荐，明治特有的低分子化鱼胶原蛋白粉，容易吸收消化，女孩们每日养颜美容的最佳饮品。 ⚠ 容量：214g ¥ 2980日元

wakamoto
19 強力わかもと

爸妈唯一会交代的必购品，消化、整肠、营养三合一的肠胃錠。 ⚠ 容量：1000錠 ¥ 2500日元

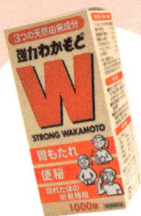

兴和新药
20 新ウナコーワクール "もろこしヘッド"

有名的蚊虫止痒液，擦起来有清凉的舒服感。与池田模范堂不一样的是涂抹用的刷头设计，这个像是笔刷的软毛刷头，后者则是海绵。 ⚠ 容量：50g ¥ 598日元

小林制药
21 サカムケア

超实用的伤口防水隐形胶，也有人称为"液状创可贴"，不论伤口处在哪个位置或奇怪的角度，都可以完全包覆防水，贴心的刷头设计使用很方便。 ⚠ 容量：10g ¥ 819日元

ロート アルガード
22 コンタクトα

戴隐形眼镜时，眼睛有时候会发痒难耐吗？コンタクトα的清凉感可减缓佩戴时的不舒适，抑制发痒。 ⚠ 容量：13ml ¥ 665日元

太田胃散
23 太田胃散（分包）

容易胀气的女孩们的必备法宝，一包包地分包装，携带方便。 ⚠ 容量：16包 ¥ 518日元

大正制药
24 コーラックファースト

日本国内的老字号口碑产品！按时食用可调理长期的宿便困扰。小小的一粒粉色小药丸，可以将体内宿便毒素一排而尽，而且不脱水，也不会刺激肠胃。 ⚠ 容量：40錠 ¥ 800日元

yuskin
25 yuskin A ジャー

富含维生素E、维生素C、玻尿酸等保湿成分，有效修护干裂粗糙的肌肤，让女孩们四季都拥有滑嫩的手足！ ⚠ 容量：70g ¥ 830日元

药妆店是女孩的购物天堂。

26 FOCUS ライオン
Pair Acne ペアアクネクリーミーフォーム
女孩们的抗痘良药，能有效消除发炎红肿的痘痘，质地为带点黏稠的乳液状，涂抹后不会有油腻感。❗ 容量: 80g ¥ 1200 日元

27 FOCUS DHC
薬用リップクリーム
曾获@cosme基础保护大奖，橄榄精华油成分具有极佳的渗透性，涂抹后不会有厚重的黏腻感，反而会让双唇产生自然唇色；另外还添加了芦荟等天然植物精华，可防止嘴唇干裂，非常好用！❗ 容量:1.5g ¥ 700日元

28 FOCUS 池田模范堂
液体ムヒS
有名的蚊虫止痒液，蓝色的海绵头在方便涂抹的同时，也能顺便按摩，稍微代替手抓个痒，涂抹后有清凉感。❗ 容量: 50ml ¥ 427日元

29 FOCUS 小林制药
熱さまシート
成人用的退热贴片，尺寸比儿童用的大，而且里面的薄荷含量也比较多。❗ 容量:16片 ¥ 465日元

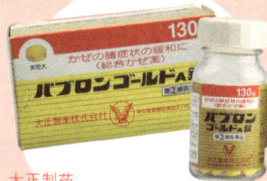

30 FOCUS 大正制药
パブロンゴールドA錠
网友大力推荐，治感冒、喉咙痛、发烧、止咳化痰等，是日本人家中必备的综合感冒药。❗ 容量:130錠 ¥ 1080日元

31 FOCUS ロート
Nano Eye clearshot
滴眼药水时总是要用卫生纸擦拭流出来的多余的药水吗？主打极小滴又带清凉度的Nano Eye，对于带妆的女孩们来说再适合不过了！商品强调滴入眼睛瞬间扩散，能快速去除充血或疲劳的眼睛。轻巧的包装也不怕占用太多的化妆包空间。❗ 容量: 6ml ¥ 1080日元

32 FOCUS 协和药品
新ノスポール鼻炎カプセル
协和药品新出品的鼻炎胶囊，强调药可以很快在体内溶化，产生效果。当时笔者在旅途中突然过敏，都想把鼻子给拆了，索性冲进药妆店里，看见"鼻炎"两个大字的包装，立刻结账吞药，过了一两小时果真不再流鼻涕了。❗ 容量: 24 錠 ¥ 1980日元

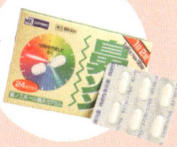

33 FOCUS 龙角散
ダイレクト スティックピーチ味
护喉咙的龙角散，里面分成16小包，对女孩们来说方便携带与食用。粉红色包装的为水蜜桃口味。❗ 容量:16包 ¥ 700日元

34 FOCUS 大正制药
口内炎パッチ大正A
嘴破已经够不舒了，讲话或吃饭时才叫人恼怒！幸亏有口服贴片的存在，将贴片贴在伤口处，一切就交给时间了，可以尽情聊天嬉笑，吃饭喝水都不用担心会触碰到伤口而犯疼了。❗ 容量:10片 ¥ 890日元

用心挑选伴手礼，送给在家等候的家人。

SPOT 4 GIFTS FOR FAMILY & FRIENDS

亲友伴手礼

亲朋好友最期待的土特产

每次说到出国去玩，身边的亲友总是会带着一脸期待说："要带伴手礼回来给我哟！"女孩们有时对于要送礼的事情总是相当苦恼，担心送了不合适的东西或者人家觉得不够有诚意。其实，东京真算得上是伴手礼天堂，放宽心、放轻松，跟着我们一起走，要送的对象从8岁到88岁，都可以靠这几页帮你搞定。

001
手烧きせんべいきねや

仲见世 杵屋

便宜又不失体面的大方仙贝礼包

仙贝是日本零食当中最受欢迎的一种，价格不贵，而且口味多元，赠送亲朋好友或同事都非常合适，就算自己买回家配茶都很不错。喜欢仙贝的女孩们，快来浅草的商店街好好挑选吧！

📍 P161E.C2 🏠 东京都台东区浅草1-30-1A 📞 03-3844-4550 🕐 09:00~18:30 💴 300日元起 @ http://www.asakusa-shinnaka.com/shop-info/kineya.html 🚇 东京Metro银座线、都营浅草线浅草站1号出口步行5分钟

推荐商品

★ 盐せんべい：清爽又刷嘴的盐味仙贝，可以一次买好几包回家当零嘴，也很适合送给邻居呢！

1 店里各种精美的包装组合，让人好想通通包回家。

002
みはらどう
三原堂

大文豪赞不绝口的传统日式点心

在池袋开业超过70年的老店"三原堂",卖的是连日本知名推理大作家江户川乱步老师都赞不绝口的日式点心,不仅是东京都丰岛区的50大精选名产,更曾获全国和果子大品评会的大臣奖,无论盐味仙贝还是豆沙甜点,地道的日式点心都能让人回味无穷。

📍 P163L,A1 🏠 东京都丰岛区西池袋1-20-4 📞 03-3971-2070 ⏰ 1楼内点心店铺10:00~19:00,2楼内用茶室11:30~18:00（L.O.17:30）¥ 250日元起 @ http://ikmiharado.shop26.makeshop.jp 🚉 JR山手线池袋站西口步行3分钟,东京Metro丸之内线、有乐町线池袋站9号出口步行2分钟

1 位于池袋的三原堂。

推荐商品
★池ぶくろう最中:象征池袋的猫头鹰造型点心,内有香甜的红豆馅料。
★盐せんべい:精选天然盐与优质酱油制作的仙贝。
★乱步の蔵:起司奶油内馅点心。
★池袋味散步:"池ぶくろう最中、盐せんべい、乱步の蔵"经典点心三合一。

推荐商品
★花椿ビスケット白缶:由第一代社长设计的花样印制成的饼干,为店里的热卖商品。
★チーズケーキ:堪称超完美制作的银座起司蛋糕。

1 位于东京车站的分店。

003
資生堂パーラー
SHISEIDO PARLOUR

资生堂的优雅花椿饼干

在银座开业已超过110年,整栋深红色建筑内专卖咖啡、甜点及下午茶,其中以铁盒包装的经典款"花椿ビスケット"以及起司蛋糕最受到欢迎。而位于东京车站的资生堂パーラー,销售东京车站限定版伴手礼盒,喜欢限定版的女孩记得抽空来瞧瞧哦!

📍 P158A,C4 🏠 东京车站一番街1F（TOKYO Me+区）📞 03-3201-2360 ⏰ 平日09:00~20:30、周六日与假日09:00~20:00 ¥ 礼盒平均2000日元起 @ http://parlour.shiseido.co.jp/index.html 🚉 JR山手线、东京Metro丸之内线东京车站站内一番街

004
ぎんざまつさきせんべい
银座松崎煎饼

江户风情的老日式彩绘煎饼

在银座开业超过200年的松崎煎饼,每一季的煎饼绘有不同主题,除了煎饼与配茶相当对味外,赏心悦目的彩图也特别能讨长辈的欢心,非常适合送给亲友。

📍 P161D,B2 🏠 东京都中央区银座4-3-11 松崎ビル1F 📞 03-3561-9811 ⏰ 周一至周六10:00~20:00,周日与假日11:00~19:00 ¥ 礼盒1080日元起 @ http://matsuzaki-senbei.com 🚉 东京Metro银座线、丸之内线、日比谷线银座站,B4出口步行3分钟

1 坐落在银座的本店。

推荐商品
★瓦煎饼礼盒:在煎饼上绘制各种主题的精美图案,不仅赏心悦目,吃起来也相当美味,非常适合送给长辈。

005
そうけみなもときっちょうあん

银座本店 宗家 源吉兆庵

艺术品等级的果实果冻

秉持传统与创新的概念，兼具品质与美感，源自冈山县、开业超过一甲子的"源吉兆庵"，在日本拥有超过130家的分店，在海外也设立了超过15家的分店。除了一般的铜锣烧与日式果子外，"源吉兆庵"最经典的就是堪称有艺术品等级的果实果冻，透明的果冻包裹整颗水果，看起来赏心悦目，让人舍不得吞下肚子。

📍 P161D.A2 🏠 东京都中央区银座7丁目8-9 📞 03-3569-2360 🕐 周一至周五10:00～21:00、周六日与假日10:00～19:00 ✉ http://www.kitchoan.co.jp/site 🚇 东京Metro银座线、都营浅草线新桥站3号出口步行4分钟，JR山手线新桥站汐留口步行5分钟，东京Metro银座线、丸之内线、日比谷线银座站A2出口步行4分钟

★さくらんぼ：春季销售，整颗樱桃果冻，适合送给小朋友。

1 位于银座的店面。

推荐商品

★海老づくし：烤虾酥与虾饼的组合，礼盒里为分隔的小包装，适合送给公司同事，大家一人一盒！

买了一堆伴手礼，要记得估算重量，不然行李最后会爆炸了！

1 海老づくし，1盒2160日元。
2 在 KITTE 1楼的分店。

006
けいしんどう

桂新堂

真虾！海洋风格仙贝的大宴会

开业近150年的"桂新堂"，一直延续着传统口味的虾饼制作，其中最有特色的产品是整只烘烤的甜虾。它的烤虾酥将一整只甜虾以手工方式水平对切，新鲜的食材配上精心调制的酱料，以及师傅精准的火候烘烤和温度控制，这才创造出完美的伴手礼。此外，每一种仙贝虽然都充满了甜虾的风味，但舌尖上明显尝出不同的层次与味道，是让人惊艳的伴手礼组合。

📍 P158A.B5 🏠 东京都千代田区丸之内2-7-2 JPタワー1F（KITTE丸之内店）📞 03-6256-0823 🕐 周一至周六11:00～21:00、周日与假日11:00～20:00（假日前一日营业至21:00）💴 礼盒平均2000日元 ✉ http://www.keishindo.co.jp 🚇 JR山手线、东京Metro丸之内线东京车站丸之内中央口步行3分钟

007
ぎんざたまや
银座たまや

吃了喜滋滋的芝麻夹心饼干

　　薄薄的黑色樱花花瓣看起来相当典雅，香浓的芝麻味在舌尖散开，绵密的糖霜让人回味无穷。"银座たまや"除了夹心饼干之外，也销售许多鸡蛋类制品，像蛋糕、蛋卷、布丁等，可用作伴手礼。

📍 P161D.B2　🏠 东京都中央区银座7-14-14（本店）　📞 01-2025-0805　🕐 10:00~18:30（周日与假日休息）　¥ 570日元起　@ http://www.tokyotamago.com　🚇 京Metro日比谷线、都营浅草线东银座站A1出口步行4分钟

1 银座本店。

★ごまひとひら：樱花花瓣形状的芝麻夹心饼干，让亲友们在享用的同时仿佛也看到了日本樱花的美景。

★ぽてたまごロール：超人气的地瓜海绵蛋糕卷，适合送给家中那爱吃的弟妹们。

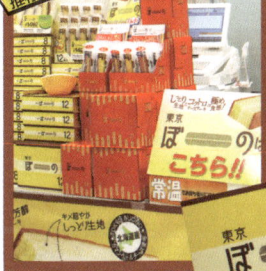

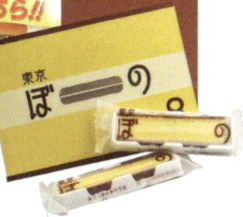

★东京ぼーの：超美味起司蛋糕，巧妙包装设计方便食用不沾手，非常适合送给公司同事哟！

008
とうきょうぼうの
东京ぼーの

起司与蛋糕　点心界的完美组合

　　近期最流行的伴手礼之一，年轻男女的最爱、送朋友最棒的组合！由来自澳大利亚的起司奶油搭配北海道十胜生产的起司，一口咬下，香醇的起司味与绵密的口感让人无法抗拒。盒装方式也别出心裁，不沾手的吃法非常贴心。

📍 P158A.C4　🏠 东京都千代田区丸之内1-9-1 1F（大丸东京店）　📞 03-6273-4746　🕐 周六至周三10:00~20:00、周四至周五10:00~21:00　¥ 1080日元　@ http://www.dn-con.co.jp　🚇 东京Metro丸之内线、JR山手线东京站八重洲北口步行1分钟

009
東京カンパネラ
东京 CAMPANELLA

打动女孩芳心的优雅系夹心饼干

　　巧克力饼干夹心中包上巧克力奶霜，不会太甜但香浓的滋味彻底打动了女孩们的芳心。除了吃起来美味之外，整体礼盒设计美观大方、配色优雅，用来送礼真是再合适不过了！

📍 P159B.A2　🏠 东京都东京都墨田押上1-1-2ソラマチ4F东侧8号摊位（晴空塔天空小町店）　📞 03-5809-7058　🕐 10:00~21:00　¥ 1080日元起　@ http://www.tokyo-campanella.com　🚇 都营浅草线押上站，B3出口步行3分钟；东京Metro半藏门线押上站，B3出口步行3分钟；东武晴空塔线押上站，B3出口步行3分钟

1 位于晴空塔里的分店。

★东京カンパネラ：，东京カンパネラ巧克力夹心饼干礼盒，蒂芬妮绿的礼盒包装让礼物看来很高级，更别提那美味酥脆的饼干了，送给领导们很有面子。

出国怎可能忘了最亲
爱的姐妹们呢?

SPOT 5 GIFTS FOR LOVELY B.B.F.

闺蜜伴手礼

回国送闺蜜的超体面甜点

女孩们生活中最不可或缺的就是闺蜜了，难得到了流行与时尚的东京一趟，肯定不能忘记买些漂亮大方的伴手礼送给自家姐妹们。在众多的伴手礼选择中，华丽的、可爱的、优雅的……都是女孩们会喜欢的。这里整理了赠送闺蜜超体面的甜点，回国带这些准没错啦!

1 位于银座三越百货地
下1楼的分店。

推荐商品

1

★Sweet Gloss: 共有6
种口味的麦芽糖。外观看
起来就像化妆品，适合
给最亲爱的姐妹，跟她
们开一个调皮的玩笑!

📍 P161D.B2 🏠 东京都中央区银座4-6-16 银座三越地下2楼
📞 01-2028-4806 🕐 10:30～20:00 💴 540日元起 @ http://www.
ameyaeitaro.com 🚇 东京Metro丸之内线、日比谷线、银座线银座
站，A11出口直达

001
あめやえいたろう

Ameya Eitaro

女孩子气息的糖果唇蜜与香膏果酱

"Ameya Eitaro" 是相当厉害的品牌，将糖果提升了一个层次，从传统中跳脱，让糖果除了可以吃之外，更可摇身一变，成为生活中的一种用品。当唇蜜不再用来涂在嘴唇；当香膏不再用来制造身上的香氛，那么它们会变成什么？Ameya Eitaro研发出创意十足的麦芽糖唇蜜与香膏果酱，单看商品的外表，就像一组包装精美的保养品。女孩们来买这组伴手礼送给闺蜜吧!

002

ピエール・エルメ・パリ

PIERRE HERMÉ PARIS

名媛朝圣巴黎No.1马卡龙

说起马卡龙，有什么地方能比巴黎来的马卡龙更地道呢？"Pierre Herme"正是源自法国巴黎的马卡龙名店，在日本说到必吃甜点，众多美食网站或媒体提到的前三名中总能见到"Pierre Herme"的名字。除了高级的马卡龙之外，"Pierre Herme"也销售各种看起来犹如珠宝般精致的糕点。女孩们来买伴手礼时，若时间充裕的话，不妨上2楼的内用区坐坐，体验一下正宗巴黎下午茶的名媛感觉吧！

P160C.C4 东京都涩谷区神宫前5-51-8 ラ・ポルト青山1F（青山店） 01-5485-7766 11:00-20:00 240日元起 http://www.pierreherme.co.jp 东京Metro千代田线、银座线、半藏门线表参道站，B2出口步行3分钟

1. 位于表参道的分店。2. 好吃美味的马卡龙。

推荐商品

★マカロン6个诘合わせ：任选6种口味，外盒图案会定期更换。不仅马卡龙好吃，外盒也可留下来当作饰品、收纳盒，非常适合送给姐妹。

003

アンリ・シャルパンティエ

HENRI CHARPENTIER

带来幸福的华丽洋果子店

HENRI CHARPENTIER是活跃于19世纪的法国厨师，主厨蚁田尚邦偶然邂逅这位厨师发明的火焰可丽饼，发现客人享用时脸上浮现满足的笑容，那一刻，蚁田决定要制作给人带来幸福的甜点：含满果实的透明果冻、配色如艺术品的水果派、色彩缤纷的烘焙小糕点等，让人在打开礼盒的瞬间，除了赞叹之外，更洋溢微笑。

P161D.B2 东京都中央区银座2-8-20ヨネイビル1阶（银座店） 03-3562-2721 店铺10:00~21:00，餐厅11:00~21:00（l.o.20:30） 350日元起 http://www.suzette-shop.jp/henri 东京Metro有乐町线银座一丁目站11号出口步行2分钟

推荐商品

★フィナンシェ・マドレーヌ：杏仁风味的招牌烘焙糕点。
★プティ・タ・プティ：以巴黎街头为主题，一口大小的精致烘焙糕点。

1. 欧式的建筑外观。2. 精美的礼盒包装。

1 各式各样的甜点。

★あわぜんざい：一回国马上去找姐妹，端上微波的红豆麻糬，姐妹铁定流下感动的眼泪，礼物用心度满分！

004
うめぞの
梅园

屹立不摇的百年甘甜味

创立至今已满160年的浅草梅园，以销售传统怀旧的年糕点心"**あわぜんざい**"起家，小米麻糬加上红豆泥，热乎乎地吃下一碗，感觉身体都暖和起来，就算外带回家凉了也还能再加热食用。另外也特别推荐糖果类的商品，看起来可爱又有复古味的糖果们，买回国送给闺蜜最棒了。

P161E.C2 东京都台东区浅草1-31-12 03-3841-7580 10:00~20:00（每月两次周三不定期休） 345日元起 @ http://www.asakusa-umezono.co.jp 东京Metro银座线、都营浅草线浅草站1号出口步行5分钟

005
ノアケトウキョウ
NAOKE TOKYO

最适合喜欢巧克力的女孩们！

风靡女孩的水果巧克力棒棒糖

外表看起来就是一个巧克力棒棒糖，但这名为"Les Bonbons Caramel"其实内容可不简单。在圆形的巧克力内，包裹着浓缩果浆，每一口都是巧克力酥脆的口感内衔接着甜美的果浆液体，花束般的包装让人光是看的就觉得赏心悦目。

P158A.C4 东京都千代田区丸之内一丁目，东京车站一番街一楼26号摊位 03-3287-7076 周一至周五09:00~20:30，周六日与假日09:00~20:00 280日元起 @ http://noake.jp 东京Metro丸之内线东京车站，站内一番街；JR山手线东京车站，站内一番街

★Les Bonbons Caramel: 如花束般的水果巧克力棒棒糖，想必会让收礼的姐妹心花怒放。

1 巧克力棒棒糖。

★GOUTER de ROI: 受到许多网友与博客主推荐的原味法国脆饼，买一盒回去让嘴馋的姐妹们也能一起享受这美味吧！

006
ガトーフェスタ ハラダ
GATEAU FESTA HARADA

闪亮亮的时尚法国脆饼

将法国面包切片之后，涂上奶油，再撒上浅浅一层糖粉，拆开包装之后飘散着一股奶油香气，看似简单朴实的脆饼，却让日本天皇都为之倾倒！只要尝过一口，味蕾就会臣服于这脆饼的口感与香气，再仔细一瞧，仿佛上头的糖粉都闪耀着光芒。这样低调而华丽的点心，送给闺蜜保证大受喜爱！

P163L.A1 东京都丰岛区西池袋1-1-25东武百货店池袋店B1 03-3981-8344 10:00~21:00（营业时间以东武百货池袋店为准） 324日元起 @ http://www.gateaufesta-harada.com JR山手线池袋站西口步行1分钟；东京Metro丸之内线、有乐町线池袋站6号出口步行1分钟

1 店里总是能见到许多排队人潮。2 红酒专用脆饼，一盒15个，972日元。

007
キル・フェ・ボン
Quil Fait Bon

和歌山县的蜜桃果冻

　　"Quil Fait Bon"主要出售新鲜水果塔，其下午茶相当受女孩们的喜爱。在伴手礼方面，"Quil Fait Bon"也贴心地推出各种季节限定的水果冻与点心。想买新鲜的水果类甜点伴手礼，"Quil Fait Bon"是不错的选择。

📍 P159B.A2 🏠 东京都墨田区押上1-1-2ソラマチ2F东侧48摊位 📞 03-5610-5061 🕐 10:00~21:00 💴 630日元起 @ http://www.quil-fait-bon.com 🚇 东京Metro半藏门线、都营浅草线、东武晴空塔线押上站B3出口步行3分钟

1️⃣ 看起来赏心悦目的美美礼盒，最适合送给姐妹们。

推荐商品

★フルーツジュレ：季节限定的水果果冻，可以品尝整颗日本产的新鲜水果喔！

008
みはらどう
三原堂

甜甜少女心的缤纷糖果盒

　　"三原堂"除了销售连日本知名推理大作家江户川乱步老师都赞不绝口的日式点心之外，其缤纷又传统的糖果礼盒更是送给闺密的好选择。

📍 P163L.A1 🏠 东京都丰岛区西池袋1-20-4 📞 03-3971-2070 🕐 1楼点心店铺10:00~19:00，2楼内用茶室11:30~18:00(L.O.17:30) 💴 250日元起 @ http://ikmiharado.shop26.makeshop.jp 🚇 JR山手线池袋站西口步行3分钟；东京Metro丸之内线、有乐町线池袋站9号出口步行2分钟

★四季彩：入口即化的缤纷糖果盒，意外地好吃又不黏腻，和风造型的外盒也适合留下来当作收纳盒，适合送给喜欢搜集小物的姐妹们。

009
なみこしけん
浪越轩

超卡哇伊动物园巧克力

　　浪越轩的动物园巧克力（プレミアムどうぶつえん）是近年相当热门的伴手礼之一，以兔子、熊猫、小鸡、河童、熊、大象等可爱动物的头部造型做成巧克力，集合所有女孩最爱的动物于一个小盒子中，让人看了都不忍心吃掉它们了！

📍 P161E.B1 🏠 东京都台东区浅草1-31-12 📞 03-3841-7580 🕐 周一至周六08:00~22:00（周五营业至22:30、周日与假日营业至21:00）💴 345日元起 @ http://www.asakusa-umezono.co.jp 🚇 东京Metro银座线、都营浅草线浅草站1号出口步行5分钟

推荐商品

★どうぶつえん：巧克力和果子礼盒，卡哇伊的动物造型让姐妹们收到时兴奋地尖叫吧！

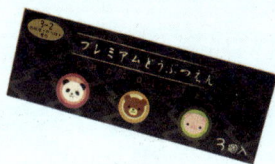

推荐商品

★Syallymate：若姐妹们都吃腻了香蕉蛋糕，东京ばな奈的饼干礼盒是个不错的新选择！

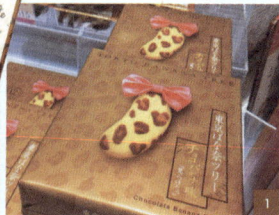

1️⃣ 最受欢迎的东京BANANA品项。

010
とうきょうばな奈
东京 BANANA

东京当地No.1伴手礼

　　号称近年东京No.1伴手礼的"东京BANANA"，虽然长时间被炒作，不过这并不会减少"东京BANANA"的品质与受喜爱的程度，"东京BANANA"在机场或东京各大地铁站都设有专卖店，想挑一种知名的伴手礼，选"东京BANANA"就对了。

📍 P159B.A2 🏠 东京都墨田区押上1-1-2东京スカイツリータウン・ソラマチウエストヤード1F 📞 03-5610-2847 🕐 09:00~21:00 💴 617日元起 @ http://www.tokyobanana.jp 🚇 都营浅草线押上站，B3出口步行3分钟；东京Metro半藏门线押上站，B3出口步行3分钟；东武晴空塔线押上站，B3出口步行3分钟

コンビニ、
超便利。

图片摄供／刘耕宏

便利商店

"女孩爱零嘴"之怎么能不逛便利商店？！

旅途中最不可或缺的就是便利商店，无论是购买生活用品或是解决口渴问题，甚至省钱地填饱肚子，便利商店可说是最温馨的好邻居了！而且连锁的便利商店销售的商品比路边小贩有保障。女孩只身在外，上便利商店采购必需品是相当方便的。此外，买些当地的零食、泡面饼干带回中国，送给亲朋好友，也可以拉近与大家距离呢！

001

セブン-イレブン

7-ELEVEn

业界老大：在中国早就是熟悉的好邻居

身为便利商店业的龙头，7-ELEVEn在日本也是分店最多的便利商店。它总是推出贴心服务与创新商品，引领便利商店业的流行，这应该就是一般人对7-ELEVEn的印象。来到东京的7-ELEVEn，特别推荐地道的三角饭团，这也是7-ELEVEn单日销售份数最多的商品。在中国国内常吃小七御饭团的女孩们，可别错过正宗的日本御饭团了！另外推荐超便宜的现煮咖啡，全自助式的，可以依自己的喜好选择冷热与大小杯。

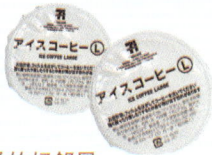

@ http://www.sej.co.jp

1 自助式咖啡机。要喝冰咖啡先要到冰箱去买咖啡专用的冰块。

154

002
ミニストップ
MINI STOP

香味四溢的现炸热食

这是日本第五大便利商店，与其他商超不同的是，店内提供座位区给顾客休息。热食现点现炸，几分钟后香味四溢的薯球就完成了，让人顿时误以为自己来到了麦当劳。女孩们若逛街时肚子饿了，不妨来这儿享用热腾腾的炸食吧！

@ http://www.ministop.co.jp

1 MINI STOP店铺的颜色相当抢眼。

003
ファミリーマート
Family Mart

来到东京全家就是你家！

东京的Family Mart，在店铺数量方面也能排上前3名，在7-ELEVEn附近几乎都能看到Family Mart。日本的便利商店会销售现炸的热食，而其中最有名也最让日本人推荐的就是Family Mart的炸鸡。虽然对中国人而言，小吃店与盐酥鸡摊林立，在街边买个炸物似乎是很平常的事情，不过对于东京人来说，在便利商店就能吃到炸鸡真是挺了不起的事了！想买份啤酒与炸鸡回家配日剧？下楼花个3分钟就能搞定这一切了！

@ http://www.family.co.jp

1 炸物保温柜，后方可看到油锅。

004
ローソン
LAWSON

最适合女性的健康超商

对许多中国人来说很陌生的LAWSON，在日本可是规模仅次于7-ELEVEn、排名第二的便利商店。LAWSON最早的创办人为美国人J. J. LAWSON，1939年他在俄亥俄州开了一家店，专卖新鲜的牛奶，这也是为什么LAWSON的招牌上有个牛奶瓶图案的原因了。

LAWSON除了最常见的蓝色招牌的便利商店之外，还有酒红色招牌的NATURAL LAWSON，以及规模更大、销售生鲜蔬果的超级市场LAWSON MART和大家都爱的百元商超LAWSON STORE 100。NATURAL LAWSON以女性顾客为主，以美丽健康又舒适的生活方式为概念，提供自然又健康的商品。其了解女性爱吃又怕胖的心态，一个便当里的菜色种类虽多但不过量；提供温生菜商品，满足想吃生菜又怕寒的女孩们。

@ http://www.lawson.co.jp/index.html

1 商超商品琳琅满目，媲美超级市场。

FOCUS

便利商店商品特搜

日本的便利商店是
另一种美食天堂。

另类又地道的零食选择

便利商店超级好逛！在竞争激烈的环境下，日本各大零食品牌不断推陈出新，到便利商店买零食已成了中国女孩最潮的旅游活动之一，即使不能带回来就马上吃光也超开心！

1 FOCUS じょっぱりストア
青森干燥苹果

产地直送的脱水干燥青森苹果切片，咬下去口感松松脆脆，苹果片瞬间在嘴里化开。 ❗ 容量：8g ￥126日元

2 FOCUS Häagen-Dazs
番茄樱桃冰淇淋

顺应都市人追求健康的趋势，"Häagen-Dazs"将野菜导入冰淇淋，创造出绝赞的番茄樱桃口味！ ❗ 容量：200g ￥284日元

6 FOCUS 森永制果 MORINAGA
BAKE烧巧克力

以特殊制作方式烘烤而成的巧克力点心，外酥内软、甜中带苦，相当有层次。 ❗ 容量：40g ￥128日元

7 FOCUS ASAHI
营养功能玄米饼干

啤酒大厂ASAHI旗下的玄米饼干是近年日本OL最爱的低卡高纤饼干。 ❗ 容量：72g ￥162日元

3 FOCUS Uchi Café SWEETS
巧克力鲜奶蛋糕

来自LAWSON的自营品牌"Uchi Café SWEETS"，用最自豪的鲜奶油做出让人难忘的鲜奶蛋糕。 ❗ 容量：100g ￥300日元

8 FOCUS Uchi Café SWEETS
鲜奶油蛋糕卷

使用北海道的原料与国产鲜奶油，堪称超级黄金比例打造，是LAWSON的镇店甜点。一定要尝连续3年获得金奖的无敌蛋糕卷！ ❗ 容量：100g ￥164日元

4 FOCUS 乐天LOTTE
小熊饼干黑白版

大家最熟悉的小熊饼干，在日本推出了便利商店与车站的限定版本。黑白版的乐天小熊饼干非常可爱，黑色饼干包着白巧克力，大推！ ❗ 容量：40g ￥108日元

5 FOCUS Family Mart
全家炸鸡

"ファミチキ"是便利商店炸物中最受欢迎的！简单的炸鸡酥脆多汁，小小一块也不会给女孩太大负担。 ❗ 容量：100g ￥170日元

9 FOCUS 各大便利商店
便当

旅行时若要在省钱与吃饱之间取得平衡，来便利商店挑个看起来不错的便当也是一个好选择，而且日本米真的超好吃！ ❗ 容量：500g ￥450日元

10 FOCUS
NOBEL（ノーベル）
SOURS GUMMY
曾找龟梨和也代言的SOURS软糖，与日本甘乐PURE软糖并驾齐驱，有嚼劲、滋味酸甜，超适合女孩们解解馋。❗容量：45g ¥119日元

16 FOCUS
日清（NISSIN）
番茄乳酸菌
以番茄为基底添加三十多种蔬果汁，深受日本女性喜爱，是养颜美容的热门商品，在@cosme评价中获得5.2的高分评价。❗容量：200g ¥100日元

11 FOCUS
宝酒造（TAKARA）
乌龙烧酒（6%）
乌龙烧酒不含糖、不添加任何香料或色素，使用百分之百的铁观音茶叶，没有刺鼻的烧酒味。❗容量：335ml；酒精浓度：6% ¥201日元

17 FOCUS
明治制果（meiji）
HORN柠檬饼干
饼干中间夹着绵密的鲜奶油，与两侧的巧克力酱一并咬下去，口感入口即化。❗容量：8入 ¥189日元

12 FOCUS
玉之井タマノイ（TAMANOI）
苹果风味蜂蜜黑醋
玉之井在百年前以酿醋起家，使用自家高品质黑醋与苹果汁调味，含有维生素等营养，喝起来酸酸甜甜。❗容量：125g ¥98日元

18 FOCUS
森永制果 MORINAGA
DARS饼干巧克力
点心大厂森永旗下的"DARS"系列，因为亲民的售价而一直很受欢迎，常推出限定版。❗容量：30g ¥137日元

13 FOCUS
チチヤス
咖啡牛奶
"チチヤス乳制品"创立超过一个世纪，是日本人心中的老牌子，产品设计也特别有怀旧的感觉！❗容量：250g ¥100日元

19 FOCUS
固力果（glico）
抹茶欧蕾
造型复古的抹茶欧蕾，将生奶油和炼乳加入抹茶中调味，是特别为女性设计的乳制饮料，热量仅有122千卡。❗容量：180ml ¥105日元

14 FOCUS
三得利suntory
ほろよい 可乐沙瓦
ほろよい只有3%的酒精浓度，喝起来甜甜又温和的滋味，给人微醺的放松感，而且可乐风味、气泡加倍！❗容量：350g ¥141日元

20 FOCUS
麒麟（KIRIN）
樱桃橘子皮调酒
针对女性上班族开发的成人系水果调酒，颜色呈现粉橘红色，缓缓倒入玻璃杯中，漂亮的渐层十分受欢迎。❗容量：350ml，酒精浓度：7% ¥152日元

Family Mart 限定

15 FOCUS
明治制果（meiji）
草莓拿铁
让人无法抵抗的草莓牛奶，香甜的草莓味加上浓醇牛奶，喝起来甜滋滋的，充满幸福感，让人仿佛回到了儿时单纯美好的时刻。❗容量：200g ¥112日元

21 FOCUS
Calbee（カルビー）
罐装马铃薯条
自1995年发售以来至今人气居高不下的Calbee罐装马铃薯条，已被评选为"日本非吃不可的零食"。❗容量：60g ¥99日元

A 千代田区景点分布图

N

水道橋

往東京大神宮

順天大學圖書館

神田神社

末廣町

秋葉原扭蛋會館 (ガチャポン会館)

Yadobashi-Akiba
AKB48 CAFÉ&SHOP
Sunroom (さんるーむ)

Yuruliku

御茶ノ水

MANDARAKE complex

Milk Shop Luck酪

K-BOOKS 秋葉原本館

秋葉原

新御茶ノ水

Maidreamin

神保町

小川町

淡路町

岩本町

東北・上越新幹線

中央本線

半蔵門線

共立女子大學

科學技術館

千代田線

首都高速都心環狀線

神田站

三手線

小傳馬町站

丸ノ内線

竹橋

國立現代藝術
手工藝博物館

氣象廳

新日本橋站

江戸通

天守台

宮內廳病院

日本橋三越本店

皇居東御苑管理事務所

OOTEMORI

パレスホテル東京

三越前站

半蔵門線

皇居

宮內廳

桔梗門

東西線

太手町

文明堂
東京風月堂
NOAKE TOKYO
TOKYO HEART
SHISEIDO PARLOUR
Glico格力高屋 (ぐりこ・やKitchen)
Calbee+
森永製菓 (森永のおかしなおかし屋さん)
NHK電視台專賣店 (NHK-Character SHOP)
富士電視台專賣店 (フジテレビショップ)
東京電視台專賣店 (テレ東本舗)
TBS電視台專賣店 (TBS STORE)
日本電視台專賣店 (日テレ屋)
朝日電視台專賣店 (テレアサショップ)
米飛兔專賣店 (Miffy Style)
輕懶熊專賣店 (リラックマストア)
Kiddy Land 玩具店 (K-SPOT Land)
LEGO樂高樂園 (レゴ クリックブリック)
吉卜力專賣店 (Donguri Garden)
Hello Kitty專賣店
水豚君專賣店 (カピバラさんキュルッとショップ)
SNOOPY史努比專賣店 (スヌーピータウンミニ)
集英社周刊少年專賣店 (JUMP SHOP)
PENASTA by Suica
Eki SCOS 東京車站店
東京ぼーの
Siretoco Donuts
京橋千疋屋

日本橋

新宮殿

內堀通

Organic House

東京

二重橋前
東京中央郵便局
PHARMACY e.m
MUJI to GO
中川政七商店
Marunouchi Reading Style
KITTE Garden
向山製作所
東京City i
KITTE
桂新堂

皇居外苑單車出租站

中央警察署

松本小學校

茅場町

新大橋通

皇居外苑

皇居外苑

宮內廳病院
宮內廳第三の丸尚蔵館

有樂町線

桔梗門

パレスホテル東京

有樂町

宝町站

往日枝神社

日比谷公園

日比谷

有樂町

京橋通

八丁堀

Né-Net

LUMINE 有樂町店

東京STビル

銀座かずや

A　　　　　　　B　　　　　　　C　　　　　　　D

中野坂上

西武新宿

西新宿　　　新宿西口　　　　　　　　　　東京女子醫科大學

西新宿五丁目
新宿中央公園　　都廳前　　新宿
Salad X Deli MARGO　　　新線新宿
東京都廳

新宿御苑

初台　　　　　　　南新宿　　　新線新宿

参宮橋　　　　　　　中央本線　　千駄ヶ谷　　慶應義塾大學病院

北参道　　　　　　　　　　　信濃町
聖德記念會画館
明治神宮　　　　　　　國立霞丘陸上競技場
山手線　　　　　　　　　明治神宮野球場　　明治神宮外苑　　赤坂御用地

代々木公園　　　　　　　　　　　　明治公園　　　　青山一丁目

代々木八幡　　　CANDY A★GO★GO　Forever 21　　　　　外苑前
代々木上原　　　　　　ALO ALO
原宿　　tutu anna　　　　AVANTGARDE
代々木公園　　　　　　Cafe crepe　　　　文房具咖啡(ぶんぼうぐカフェ)
LeLe Jumie moon　　明治神宮前　　Tokyo Bopper
Mint Designs　　ASOKO原宿店　　bills　Candy Stripper
CLASKA Gallery & Shop"DO"　Ra.a:g.f(Lafu)　　FLYING TIGER COPENHAGEN
opening ceremony
I AM I ONEROOM　　　　　　　　表参道
海賊王専賣店 (ONE PIECE 麦わらストア)

Francfranc Cafe　　Tokyo Wonder Site 澁谷
Francfranc　　　　　　　　　　PIERRE HERMÉ PARIS
3COINS 澁谷店　　迷宮之國艾莉絲(舞踏の国のアリス)　　　長谷寺
駒場東大前　　　Freeve　　　　　青山學院
神泉　　　　　　渋谷　澁谷HIKARIE
東京都立駒場高　　　　　美々卯
Good Days Malasada
私立東京女學館高校
國學院大學

pupi et mimi　　　　　　　　　　廣尾　有栖川宮記念公園
蔦屋書店
松之助 MATSUNOSUKE N.Y　CA4LA
代官山　　Soup Stock Tokyo
Curly Collection　　　　恵比寿
目黒學院高等學校　　恵比壽花園廣場
中目黒　　　　　　恵比壽花園廣場本樓
東急東横線

C 渋谷区景点分布図

D 中央区景点分布図

E 台東区景点分布図

F 新宿区景点分布图

西新宿KF大樓　區立西新宿中學校　西武新宿線　大久保醫院
JR中央線　西武新宿駅　明治通
青梅街道　山手線　西武新宿　マルエツ 新宿六丁目店
新宿アーバン飯店
新宿Prince飯店
彌生軒　宜必思東京新宿區飯店　歌舞伎町
西新宿　丸之內線　新宿西口　新宿區役所　新宿三光 町大樓
淨風寺　產業會館　東京醫科大學病院　SunDrug　新宿區役所　靖國通　御苑大 通
東京希爾頓飯店　新宿レディースクリニック　新宿　伊勢丹 新宿店 MEN'S
公園通　新宿住友 ビル別館　新宿三井大樓　新宿東口　OS drug　R1/F SOZAI 伊勢丹新宿本店
Hyatt Regency Tokyo Hotel　新宿中心大樓　東京モード學園　GROM　新宿三丁目　新宿三丁目
新宿住友大樓　中央通　ルミネエスト　京町戀(京町恋しぐれ)
都廳前　京王PLAZA　大江戶線　新宿西口　新宿通
新宿中央公園　新宿住友大樓　京王百貨　Korot LUMINE新宿店　新宿御苑
東京都廳
新宿NS大樓　新宿南口　新宿東南口
千葉銀行新宿支店　Nail Amme　新線新宿　高島屋
KDDI大樓　京王線　新宿
西新宿KS大樓　京王線　小田急線　明治通　新宿御苑
新宿文化 クイント大樓
文化學園大學短期部

G 港区景点分布图

神宮外苑銀杏並木道　Tokyo Midtown Toshi Yoroizuka Mid Town　東銀座　築地
青山セントグレース大聖堂　新橋
Q-Pot 本店　乃木坂　三得利美術館　六本木一丁目　新橋　月島
表參道　出雲大社東京分祠　神谷町　御成門　汐留　Carreta汐留
Q-pot CAFE　千代田線　國立新美術館　六本木　日比谷線　汐留
六本木S HOTEL　HARBS 六本木ヒルズ店　Tokyo Tower
毛利庭園　朝日電視台　芝公園　大門　浜離宮恩賜庭園
45RPM　ARENA CAFE　都營大江戶線　東京芝豆腐屋　松濱町
六本木公共藝術群　芝公園
森美術館　麻布十番　赤羽橋　竹芝　豐洲
有栖川宮記念公園　都營三田線　三田　日の出　新豊洲
山手線　白金高輪　市場前
惠比壽　東京田町橫濱福里森旅館
國立科學博物館　白金台　芝浦ふ頭　有明テニスの森
附屬自然教育園　泉岳寺　百合鷗線　有明テニスの森公園　有明
目黑　池田山公園　東海道新幹線　台場公園　Panasonic Center Tokyo　國際展示場
神戶コロッケ　港南公園　お台場海浜公園　國際展示場正門
不動田　五反田　品川站　東京海洋大學　台場　東京テレポート
品川INTERCITY　都立潮風公園　青海
北品川

東京地下鐵路線圖（車站標記）

三田線 / 南北線（北部）

西高島平	I27
新高島平	I26
高島平	I25
西台	I24
蓮根	I23
志村三丁目	I22
志村坂上	I21
本蓮沼	I20
板橋本町	I19
板橋區役所前	I18
新板橋	I17
板橋	

埼玉高速鐵道線 / 南北線

直通運行至浦和美園

赤羽岩淵	N19
志茂	N18
王子神谷	N17
王子 / 王子站前	N16
西原	N15
駒込	N14
本駒込	N13
東大前	N12

赤羽 / 新庚申塚 / 大塚站前 / 大塚 / 巢鴨

副都心線 / 有樂町線（F / Y）

地鐵成增	F01 Y01
地鐵赤塚	F02 Y02
平和台	F03 Y03
冰川台	F04 Y04
小竹向原	F05 Y05
小竹向原	F06 Y06
千川	F07 Y07
要町	F08 Y08
池袋	Y09 F09 M25

光丘 E38 / 練馬春日町 E37 / 豐島園 / 練馬 E35 / E34 / 新江古田 E33 / 落合南長崎 E32 / 中井

直通運行至飯能　西武池袋線
東武東上線　山手線　三田線

有樂町線 / 丸之內線（池袋周邊）

東池袋 Y10 / 護國寺 Y11 / 江戶川橋 Y12
新大塚 M24 / 茗荷谷 M23 / 白山 I13 / 春日 I12 E07 / 後樂園 N11 M22 / 水道橋 I11

千石 I14 / 後樂園

中央線 / 丸之內線（M）

荻窪	M01
南阿佐谷	M02
新高圓寺	M03
東高圓寺	M04
新中野	M05
中野坂上	M06 E30
西新宿	M07
新宿	M08 E01
新宿三丁目	M09 F13 S02
新宿御苑前	M10
四谷三丁目	M11
四谷	M12 N08

方南町 m03 / 中野新橋 m04? / 中野富士見町 m05

直通運行至三鷹　中野　東中野 E31　大江戶線

大江戶線（E）

落合南長崎 / 中井 / 東中野 E31 / 中野坂上 E30 / 西新宿五丁目 E29 / 都廳前 E28 / 國立競技場 E25 / 代代木 E26 / 新宿 E27 / 新宿西口 E01 M08 / 都廳前 E28

高田馬場 T03 / 落合 T02 / 早稻田 T04

東西線（T）

高田馬場	T03
早稻田	T04
神樂坂	T05
飯田橋	T06 Y13 N10 E06
九段下	T07 Z06 S05
竹橋	T08

目白 / 雜司谷 Y10 F10 / 鬼子母神前 / 早稻田 / 西早稻田 F11 / 東新宿 F12 / 新大久保 / 西武新宿 / 西新宿 M07

新宿線 / 南北線（中央部）

曙橋 S03 / 新宿御苑前 / 市谷 S04 Y14 N09 / 九段下 S05 Z06 T07 / 神保町 S06 I10 Z07 / 牛込神樂坂 E04 / 牛込柳町 E05 / 若松河田 E03 / 東新宿 E02 F12

半藏門線 / 銀座線周邊

代代木上原	C01
代代木公園	C02
明治神宮前	F15 C03
表參道	Z02 G02 C04
外苑前	G03
青山一丁目	Z04 G04
赤坂見附	Z03?
溜池山王	G06 N06
赤坂	C06
國會議事堂前	M14?
永田町	N07 Z04 Y16
麴町	Y15
半藏門	Z05
市谷	

北參道 F14 / 副都心線 / 國立競技場 E25 / 外苑前 G03 / 乃木坂 C05

澀谷周邊

澀谷 Z01 F16 G01 / 原宿 / 明治神宮前 F15 C03 / 惠比壽 / 廣尾 H04 / 六本木 E23 H04 / 六本木一丁目 N05

日比谷線 / 南北線（南部）

中目黑 H01 / 惠比壽 H02 / 神谷町 H05 / 麻布十番 N04 E22 / 赤羽橋 E21

目黑	I01 N01
白金台	I02 N02
白金高輪	I03 N03
三田	I04 A08

淺草線 / 山手線（A）

五反田 A05 / 高輪台 A06 / 泉岳寺 A07 / 三田 A08 I04

西馬込	A01
馬込	A02
中延	A03
戶越	A04
五反田	A05

大崎 / 品川 / 田町 / 山手線 / 京濱東北線

自由之丘 / 田園調布 / 大岡山 / 旗之台 / 目黑

東急田園都市線 / 東急大井町線 / 東急東橫線 / 東急目黑線 / 東急池上線

直通運行至中央林間　二子玉川
直通運行至元町·中華街
直通運行至日吉
直通運行至三崎口　京急線

京急蒲田 / 天空橋 / 羽田機場國際線航站樓 / 羽田機場國際線大樓 / 羽田機場國內線大樓 / 羽田機場第1大樓 / 羽田機場第2大樓

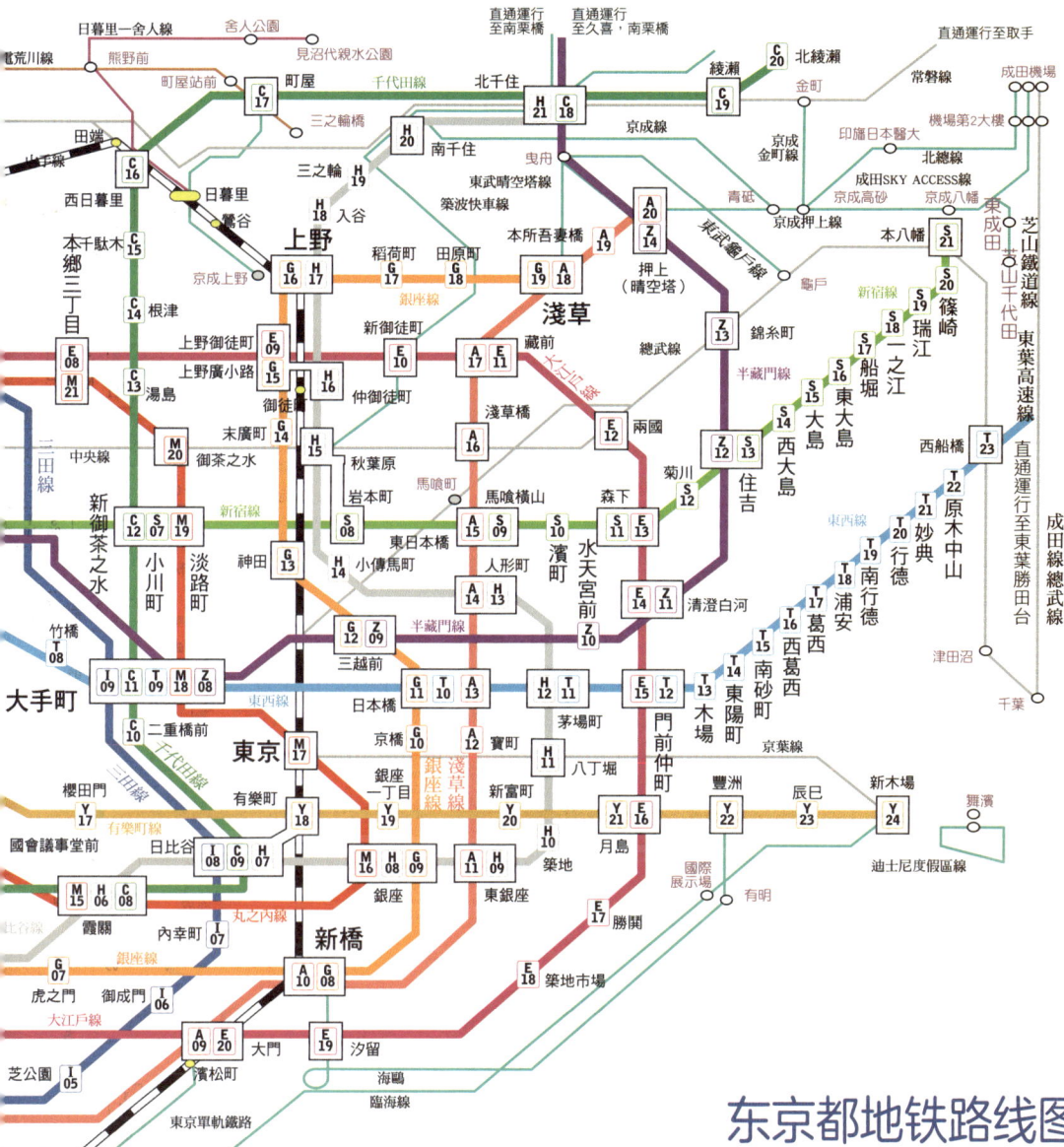

东京都地铁路线图

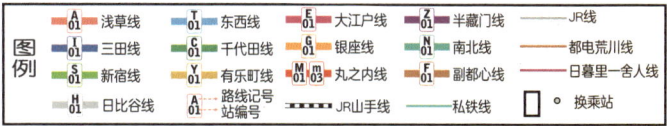

线路名称 / 站名（节选）:

日暮里一舍人線　舍人公園　熊野前　電荒川線　町屋站前　見沼代親水公園　町屋　千代田線　北千住　直通運行至南栗橋　直通運行至久喜，南栗橋　綾瀬　北綾瀬　常磐線　金町　直通運行至取手　成田機場　機場第2大樓　成田SKY ACCESS線　京成線　京成金町線　印旛日本醫大　北總線

三之輪橋　南千住　三之輪　入谷　東武晴空塔線　本所吾妻橋　押上（晴空塔）　京成高砂　京成押上線　本八幡　東成田

田端　山手線　西日暮里　日暮里　鶯谷　上野　稻荷町　田原町　淺草　錦糸町　青砥　京成八幡　芝山鐵道線　東葉高速線　東葉勝田台　東葉線

本千駄木　根津　湯島　上野御徒町　上野廣小路　御徒町　新御徒町　藏前　淺草橋　總武線　住吉　東大島　大島　西大島　船堀　一之江　瑞江　篠崎　西船橋

本鄉三丁目　末廣町　御茶之水　秋葉原　岩本町　馬喰橫山　馬喰町　東日本橋　人形町　濱町　水天宮前　清澄白河　南砂町　原木中山

三田線　中央線　新御茶之水　小川町　淡路町　神田　小傳馬町　森下　菊川　妙典　行德　南行德　浦安

三越前　日本橋　茅場町　門前仲町　木場　東陽町　西葛西　南葛西　葛西

大手町　二重橋前　東京　京橋　寶町　八丁堀　新富町　月島　豐洲　辰巳　新木場　舞濱　迪士尼度假區線

櫻田門　國會議事堂前　有樂町　日比谷　銀座一丁目　銀座　東銀座　築地　勝鬨　國際展示場　有明

霞關　內幸町　新橋　虎之門　御成門　大門　汐留　築地市場　京葉線

芝公園　濱松町　海鷗　臨海線　東京單軌鐵路線　天王洲島

圖例

浅草线　東西线　大江户线　半藏门线　JR线
三田线　千代田线　银座线　南北线　都电荒川线
新宿线　有乐町线　丸之内线　副都心线　日暮里一舍人线
日比谷线　路线记号　站编号　JR山手线　私铁线　換乘站

Step by Step 一看就懂旅游图解
自助游世界系列

日本自助游	韩国自助游	泰国自助游	意大利自助游	德国自助游	韩国自助游
瑞士自助游	新西兰自助游	澳大利亚自助游	法国自助游	英国自助游	日本自助游

百科全书宝典式自助游攻略
完全制霸系列

曼谷清迈	东京	京阪神	港澳	首尔

每一天都有新发现
精华景点＋交通方式＋地图＋时间
Day by Day 系列

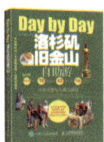

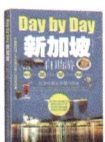

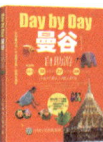

Day by Day 东京	Day by Day 洛杉矶旧金山	Day by Day 新加坡	Day by Day 首尔	Day by Day 巴黎	Day by Day 港澳	Day by Day 巴厘岛	Day by Day 曼谷	Day by Day 悉尼墨尔本布里斯班

玩日本，你需要

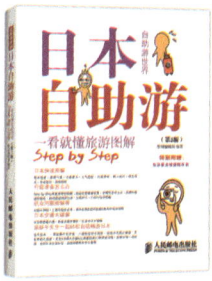

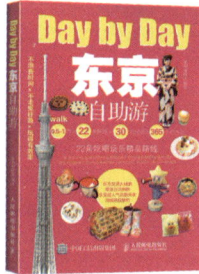

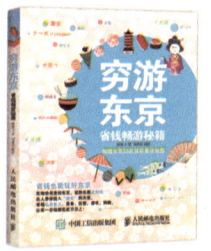

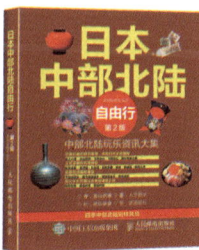

一网打尽新鲜资讯，
轻松自在**玩透**日本！

图书在版编目（CIP）数据

闺蜜一起逛东京 ： 写给女人看的东京攻略 / 林昀萱，
缪育芬著、摄. -- 北京 ： 人民邮电出版社，2016.4
ISBN 978-7-115-41790-9

Ⅰ．①闺… Ⅱ．①林… ②缪… Ⅲ．①旅游指南—东
京市 Ⅳ．①K931.39

中国版本图书馆CIP数据核字(2016)第037389号

版权声明

内 容 提 要

本书以强调个性为导向，通过心理测试，从不同类型的女性角度出发，分为乐游东京、文艺东京、体验东京、美
食东京、采购东京五大主题，聚焦介绍女孩们最关注的吃玩买逛等新鲜信息，涵盖热门景点、购物新名所、动漫迷妹
天堂、日剧名场景、艺术金三角、午茶咖啡馆、令人爱不释手的文具杂货、有趣的自动售货机、超赞约会景点、绝对
要打包的人气小点与零食等内容，让读者能依据自我喜好选择想去的地方，规划一趟满意度百分百的轻旅行。本书是
闺蜜们到日本东京自助旅行的上佳指南。

◆ 著　　　　 林昀萱 缪育芬
　 摄　　影　 林昀萱 缪育芬
　 责任编辑　 孔 希
　 责任印制　 周昇亮

◆ 人民邮电出版社出版发行　　北京市丰台区成寿寺路 11 号
　 邮编　100164　　电子邮件　315@ptpress.com.cn
　 网址　http://www.ptpress.com.cn
　 北京市雅迪彩色印刷有限公司印刷

◆ 开本：690×870　1/16
　 印张：10.5　　　　　　　　　 2016 年 4 月第 1 版
　 字数：400 千字　　　　　　　 2016 年 4 月北京第 1 次印刷

著作权合同登记号　图字：01-2015-5408 号

定价：39.80 元
读者服务热线：(010)81055296　印装质量热线：(010)81055316
反盗版热线：(010)81055315
广告经营许可证：京东工商广字第 8052 号